FORTGESETZTER DIALOG MIT MEINEM URENKEL

Schwarzkopf & Schwarzkopf

Jürgen Kuczynski

FORTGESETZTER DIALOG MIT MEINEM URENKEL

Fünfzig Fragen an einen unverbesserlichen Urgroßvater

Schwarzkopf & Schwarzkopf

Jürgen Kuczynski ist ein Weltbürger. Und er hat ein Jahrhundert besichtigt. 1904 geboren, studiert er in Erlangen, Berlin und Heidelberg Philosophie, Statistik und Politökonomie. 1926 reist J.K. als Forschungsstudent in die USA, kehrt 1929 nach Deutschland zurück und tritt 1930 in die KPD ein. 1936 geht er ins Exil nach England.

Nach 1945 profiliert er sich sich als international bekannter Geistes- und Sozialwissenschaftler. Als »linientreuer Dissident« pendelt J.K. in der DDR ständig zwischen Gnade und Ungnade, zwischen Ulbricht und Honecker einerseits und der Anwartschaft auf den Nobelpreis andererseits.

Der geistige Schwerstarbeiter kann mehr als 4.000 Veröffentlichungen aufweisen, darunter die mehrbändige »Geschichte der Lage der Arbeiter im Kapitalismus«, »Studien zu einer Geschichte der Gesellschaftswissenschaften«, »Geschichte des Alltags des deutschen Volkes«, »Kurze Bilanz eines langen Lebens«, »Frost nach dem Tauwetter« und »Dialog mit meinem Urenkel«.

Vom hier vorliegenden »Fortgesetzten Dialog mit meinem Urenkel« behauptet J.K., dies sei nunmehr sein endgültig letztes Buch. Wir wollen es nicht hoffen ...

Jürgen Kuczynski:
Fortgesetzter Dialog mit meinem Urenkel
Fünfzig Fragen an einen unverbesserlichen Urgroßvater

Schwarzkopf & Schwarzkopf Verlag

Lektorat: Thomas Heubner.
Textverarbeitung: Birgit Niehaus
Titelfoto: Roger Melis
Herausgegeben von Thomas Heubner & Oliver Schwarzkopf

Special thanxx to Daniel & Daniela for all the inspiration.
Satz: Al Bundy And The Great Future Team using QuarkXPress 3.32 /Photoshop 3.0
Grafik, Typographie: Morten Heise. Belichtung: ABATGFT using AGFA SelectSet 5000.
Druck: Nørhaven AS – Printed in Denmark.

An meine Urenkel

Lieber Robert, lieber René:

Als 1983 das Buch »Dialog mit meinem Urenkel« erschien, hieß es im ersten Absatz der Vorrede: »Lieber Robert, ich schreibe diese Briefe an Dich aus den verschiedensten Gründen, wobei ich mir vorstelle, daß Du Lehrling oder Student sein wirst, wenn du sie in die Hand nimmst. Dann wird sich nicht nur das liebe, freche Gesichtlein des Dreijährigen sehr verändert haben, der seiner Urgroßmutter den Kühlschrank ausräumt, um feingeschnittene Petersilie auf das Apfelmus zu streuen, und der in Urgroßvaters Pfeife pustet, um sich an dem Rauch zu freuen. Vor allem würden sich auch Deine Fragen an mich verändert haben. Dennoch werden sie, glaube ich, vielfach noch immer gleich oder ähnlich denen sein, die mir Lehrlinge und Studenten gegenwärtig stellen.«

Ach, wie irrte ich! Wie anders, und wie notwendig anders sind heute so viele Fragen. Und heute ist die Welt so viel komplizierter, daß auch ein Student wie du so viele noch nicht stellen kann, und erst recht nicht René, der noch seine letzte Zeit in der Schule verbringt.

Wenn ich Euch beiden dies Buch widme, so weil ich glaube, daß Ihr gar manches schon heute zumindest gut verstehen werdet, manche Antworten auch heute schon Euch nützlich für Euer praktisches Leben und Denken erscheinen können. Und erst recht, hoffe ich, wird es so sein, wenn Ihr beide älter sein werdet, und ich keine Fragen mehr beantworten kann.

Euer Urgroßvater Jürgen Kuczynski

Entschuldigung

Die Leser und die Buchhändler mögen mir verzeihen. Erst vor kurzem, in meinem Buch »Nachtrag«, hatte ich versprochen, kein Buch mehr zu schreiben, und schon erscheint wieder eins. Aber das ist nicht meine Schuld, ich bin auf raffinierteste Weise verführt worden. Eines schönen Tages, Anfang Februar 1996, erschienen bei mir mein Freund und ehemaliger Betreuer im ELEFANTEN-PRESS-Verlag Thomas Heubner und Oliver Schwarzkopf, der Verleger eines Buches von Gregor Gysi (welch letzteren ich kenne, seit er ein halbes Jahr als war und genauso grinsen konnte wie heute), nachdem Thomas zuvor angerufen hatte, sie wollten wegen eines Buches mit mir sprechen. Natürlich war ich ebenso neugierig wie entschlossen, ein neues Buch abzulehnen.

Und dann schlugen sie ein Buch mit diesem Titel und Inhalt vor, und hatten auch schon etwa 30 Fragen an den Urgroßvater, die ich in dem Buch beantworten sollte, aufgeschrieben. (Weitere Fragen wurden mir von Thomas Kuczynski, Gretel Kreipe und mir selbst gestellt.) Der Vorgänger dieses Buches, der »Dialog mit meinem Urenkel«, war ein Bestseller in der DDR geworden (nachdem zunächst eine 2. Auflage verboten worden war), da eine Tochter Erich Honeckers von seinem Inhalt begeistert war und den Vater überredete, es doch zuzulassen. Es war das kritischste Buch eines Wissenschaftlers und Parteimitglieds, das in der DDR erschienen war.

Wie kritisch es nach Erscheinen angesehen wurde, erkennt man daran, daß Anfang Januar 1984 Konrad Naumann, damals

Mitglied des Politbüros und Berliner SED-Chef, in der Humboldt-Universität vor Studenten erklärte, es sei das »republikfeindlichste Buch, das je in der DDR erschienen sei«. Den Beifall, den Naumann in der DDR erhielt, kann man aus einem kurz darauf von Hermann Kant an Kurt Hager geschriebenen Brief erkennen, den er mir kürzlich in Ablichtung sandte. Dort heißt es:

»Aber andere scheinen nicht mehr zu wissen, wovon und von wem sie reden. Ich nenne eine Sache, in der dies besonders deutlich wird: Du hattest Dich zornig und, wie mir schien, nicht überaus gerecht, in Sachen Kuczynski geäußert, und ich für meinen Teil hatte den Eindruck, der Ärger, der Dich antrieb, speiste sich aus mehr als eine paar Sätzen in der NDL (Neue Deutsche Literatur). Schließlich glaube ich zu wissen, daß die Briefe an den Urenkel Dein Lieblingsbuch nicht werden können.

Soweit war alles normal – Du kritisierst, die Redakteure erschrecken, andere (ich z.B.) nehmen sich vor, die Angelegenheit einmal in aller Ruhe zu debattieren, noch andere erzählen es Jürgen K., der seiner Natur nach eine spezielle Art von Vergnügen empfindet – alles normal.

Aber nicht normal ist es für mich, daß K. einigen Leuten nun erst einmal für eine Weile undruckbar scheint, und handle es sich auch nur um eine Besprechung Hermlinscher Publizistik. So geschehen bei der ›Jungen Welt‹.

Selbst das aber bringt mich noch nicht auf. Vielleicht war der Artikel nicht gut genug, kann ja sein ... Was mich aber aufbringt, ist die schiere Pöbelei, zu der sich nun mancher berechtigt hält. Beispiel: Die NDL bekam einen Brief von jemandem, der sich ›Kahlow‹ nennt und Parteisekretär der Berliner Druckerei ist. Ich weiß nicht, wo dieser Parteisekretär gelebt und gelernt hat, aber in einer Welt, die von der enormen, der ganz und gar außerordentlichen Leistung des Wissenschaftlers Jürgen Kuczynski weiß, kann es nicht gewesen sein. Der Brief, den der Parteisekretär Kahlow geschrieben hat, ist nur ein Knüppel und hat mit Meinungsäußerung oder Meinungsstreit nichts zu tun.

Wer einen Jürgen Kuczynski einen ›politischen Wirrkopf‹ nennt und dessen Äußerungen als ›geistige Masturbation‹ bezeichnet, muß sich fragen lassen, worin seine Qualifikation besteht. – Ich frage das, und wenn Du es wünschst, werde ich Dir den besagten Brief ausstellen lassen. Du wirst sehen, er ist nicht nur von einem einsamen Kahlow geschrieben worden. Und, und darum widme ich der Sache hier solchen Raum, er wäre nicht zu einer beliebigen Zeit geschrieben worden. Er ist Sympton.«

Und doch war es ein Buch, das aus heutiger Sicht, auch des Autors, völlig ungenügend in seiner Kritik war. Das habe ich auch in meinen Schriften seit 1990 wahrlich aufgezeigt. Aber in ganz anderer Schreibweise, nicht auf kluge Fragen antwortend, auf Fragen, die nicht unähnlich denen des Urenkels hätten sein können.

Es ist diese präzise Form der Richtigstellung, diese Dialogform, die mich reizt, doch noch einen Buchversuch zu unternehmen und das folgende zu schreiben.

Natürlich dauerte es eine Zeit, bis ich vieles neu sah, und auch das Neugesehene wurde im Laufe der Zeit korrigiert. Ein typisches Beispiel dafür sind gerade ehemalige Äußerungen im »Dialog mit meinem Urenkel«, in denen ich das System der DDR bejahe, aber tausend kritische Bemerkungen zu ihm mache, statt umgekehrt das System zu verneinen und tausend gute Dinge an ihm festzustellen. Über diesen Fehler schrieb ich in meinem Buch »Kurze Bilanz eines langen Lebens« (S.19ff.):

»Worin besteht dieser ernsteste meiner Fehler in der Zeit unserer Republik? Lenin hat einmal in einer Polemik gegen Thälmann auf dem III.Kongreß der Kommunistischen Internationale am 5. Juli 1921 gesagt: ›Wir dürfen unsere Fehler nicht verheimlichen, weil der Feind das ausnutzen könnte. Wer das fürchtet, ist kein Revolutionär.‹ Das ist Offensivgeist, der uns gefehlt hat. In der Defensive, voller Feigheit, mit der Ausrede des mächtigen Feindes, der uns gegenübersteht, haben wir echten Meinungsstreit, echte Kritik, echte Basisdemokratie unterdrückt.

Ja, ich habe für mehr Demokratie Unten ganz offen in Wort und Schrift gekämpft, auch Parteistrafen dafür angedroht bekommen oder auch erhalten. Aber ich habe nicht gegen das falsche Argument gekämpft, daß es dem Feind nützen könnte, wenn wir ›zu weit‹ darin gehen würden. Ich habe der ›Sicherheit‹ ein, nun sagen wir, zu weitgehendes Primat gegeben. Doch mehr: Ich hatte nicht begriffen, daß mehr Kritik nach Oben, mehr Basisdemokratie gerade ein so wichtiger Faktor für unsere Sicherheit sind.

Ich hätte genau umgekehrt argumentieren müssen. Ich hätte sagen müssen: Selbstverständlich erkenne ich alle unsere Einzelleistungen etwa auf dem Gebiet der sozialen Sicherung oder alle Maßnahmen, damit Frauen nicht um der Kinder willen an den Haushalt gebunden sind und auf Arbeit gehen können, alle Maßnahmen, die es jungen Menschen ermöglichen, unabhängig von den finanziellen Verhältnissen ihrer Eltern auf Fachhochschulen, Hochschulen, Universitäten zu gehen, an. Das sind bedeutsame sozialistische Errungenschaften. Aber viel wichtiger ist das gesamtgesellschaftlich so schlimm wirkende System der fehlenden Basisdemokratie, der Unterdrückung der Kritik von Unten durch ein feudalabsolutistisches Kommandosystem, die Übertreibung der ›Staatssicherheit‹.

Erst durch eine solche Umkehrung in der Bedeutung der Einschätzung der beiden Seiten unserer Gesellschaft hätte ich wahrlich politische Einsicht gehabt.

Natürlich hätte ich eine solche Einsicht bei uns nicht im Druck bekannt machen können. Zur Diskussion steht hier meine so mangelhafte, so fehlerhafte politische Einsicht 1977, als ich das Büchlein schrieb, und auch noch Ende 1983, als es veröffentlicht wurde.

All das änderte sich bald bei mir nach dem Erscheinen des ›Dialogs‹ (in dem nur wenige Sätze in die richtige Richtung weisen), beginnend mit der Perestroika 1985 in der Sowjetunion. In der zweiten Hälfte der achtziger Jahre heißt es immer häufiger in meinem Tagebuch, daß sich die Lage bei uns ›zuspitzt‹ oder daß ›eine Explosion‹ droht – eben auf Grund von Schönfärberei, Verlogenheit, Feigheit vor dem Feind und mangelnder Basisdemokratie.

Und das ist trotz aller Kritik, die ich stets, seit der Chruschtschow-Rede gegen Stalin 1956 verstärkt, und seit 1985, seit der Perestroika in der SU, wahrlich laut und offen, während der letzten Jahre der Republik in der Weltpresse und bei uns auf pro Jahr etwa 80 Versammlungen Unten geübt habe, unverzeihlich.

Feigheit? Nein! Viel schlimmer bei einem Menschen von meiner Intelligenz und Welterfahrung: Dummheit, elende politische Dummheit! Reinfall auf eine anti-marxistische, anti-leninistische Ideologie! Stärker kann wohl ein alter Marxist sich nicht kritisieren ...

Wer ›gewisse Erscheinungen‹ kritisierte, statt die Grundfehler zu sehen, wer meinte, wir hätten, weil es zweifellos sozialistische Elemente in unserer Gesellschaft gab, die wichtigsten Aufgaben bei der Errichtung einer sozialistischen Gesellschaft erfüllt, wer nicht die feudalabsolutistischen, jeder sozialistischen Basisdemokratie hohnsprechenden Elemente unserer Gesellschaft ernst nahm oder sie überhaupt nicht erkannte, wer also (wie ich bis einschließlich der Veröffentlichung meines ›Dialoges mit meinem Urenkel‹ nicht die fundamentalen Fehlleistungen unseres Gesellschaftssystems als solches erkannte und darum dieses verteidigte, ja, der hat Mitverantwortung getragen ...

Auf die ›zugespitzte‹ Frage aber: ›Hast Du das Wesen der Entwicklung erkannt oder nur ihre Auswüchse und Deformationen?‹ muß die eindeutige Antwort lauten: Bis 1984 nur die Auswüchse und Deformationen.«

Ich schreibe dann: Dieser »Fehler, den ich vom fünften bis in den Beginn des neunten Jahrzehnts meines Lebens machte, ist unverzeihlich«. Soweit meine Erkenntnisse im Jahre 1991.

Doch mein Erkenntnisprozeß und meine Einsicht in mein Verhalten entwickelten sich weiter. 1993 erschien im gleichen Verlag mein Buch »Frost nach dem Tauwetter. Mein Historikerstreit«. Damals, 1957/58, wurde ich unter Führung von Hager und der Abteilung Wissenschaft wegen zweier Artikel und wegen meines Buches über die Sozialdemokratie und den Ausbruch des Ersten Weltkrieges mit Schmähungen und angedrohten schlimmsten Parteistrafen verfolgt, und alle Historiker, mit Ausnahme von Walter Markov, machten, teilweise unter

Druck, zumeist aber voller Begeisterung mit. Über den ersten der beiden Artikel ist zu sagen: Er ist der erste in der DDR erschienene, der die Leistungen der großen Historiker Jacob Burckhardt und Leopold von Ranke nicht in wenigen Sätzen negativ abtut, sondern sie ausführlicher behandelt. Diese unglaubliche negative bzw. nicht beachtende Behandlung dieser bedeutenden Historiker des 19. Jahrhunderts ist jedoch weniger erstaunlich, wenn man bedenkt, daß jeder damals im Westen lebende bürgerliche Historiker als Feind und wissenschaftlich verächtlich betrachtet wurde. Besonders deutlich wurde das, als mir unter anderem auch vorgeworfen wurde, daß ich das Buch von Paul Kirn, »Das Bild des Menschen in der Geschichtsschreibung von Polybus bis Ranke«, Göttingen 1955, also ein Werk mit einer politisch wahrlich nicht aktuellen Thematik, in der »Zeitschrift für Geschichtswissenschaft« positiv besprochen hatte. Dazu heißt es in Band 2 meiner »Memoiren«: »Die freundliche Kritik des Buches von Kirn wurde damals mehr als eine ›zusätzliche Nebensünde‹ angesehen. Doch hatte sie ein schönes Nachspiel: Als ich mehr als ein Jahrzehnt später zu Vorträgen an die Universität Erlangen gekommen war, erzählte mir einer der dortigen Professoren, daß Kirn diese Besprechung kurz vor seinem Tode gelesen und sich über sie gefreut hätte.« (S.120). Wie unsinnig man auch in diesem Fall urteilte, ist aus einer Notiz der Abteilung Wissenschaft im Zentralkomitee an Kurt Hager zu ersehen. Dort heißt es: »Es ist doch klar, daß hier die marxistisch-leninistische Parteilichkeit über Bord geworfen wird. Solch Auslassen muß jedoch Wasser auf die Mühlen derjenigen Kräfte leiten, die eine ideologische Koexistenz anstreben.«

Der zweite Artikel war zum 100. Geburtstag von Plechanow

geschrieben. Besonders verurteilt wurden meine Ausführungen über die »schöpferische Rolle der großen Persönlichkeit und des einfachen Menschen in Geschichte«. Dazu heißt es in einem Schriftstück der Abteilung Wissenschaften beim Zentralkomitee nach einer Tagung mit 39 Historikern am 24.1.1958: »Von allen Genossen wurde hervorgehoben, daß Gen. Kuczynski in allen seinen letzten Arbeiten die Rolle der Volksmassen unmarxistisch darstellt und oft Redewendungen gebraucht, die von einer völligen Instinktlosigkeit zeugen. Es war sogar von einem massenverachtenden Zug in seinen letzten Publikationen die Rede.« Und was mein Buch betrifft, so heißt es dort: »Was das Buch über den ersten Weltkrieg betrifft, so wurde dem Gen. Kuczynski eine Herabsetzung der Rolle der leninistischen Partei neuen Typus nachgewiesen. Ebenso wurde seine unwissenschaftliche eklektische Methode aufgedeckt, die man in dem genannten Buch auf Schritt und Tritt erkennen kann.

Dem Genossen Kuczynski hielten die Diskussionsredner vor, daß er in einer eigenartigen und unverantwortlichen Weise Probleme der Parteigeschichte anschneidet, eine klare Beantwortung offen läßt und dadurch Verwirrung stiftet.

Dies sind bei weitem nicht alle Fragen, die von den Genossen kritisiert und verurteilt wurden. Es gab nicht eine einzige Stimme der Verteidigung oder Rechtfertigung der Konzeption des Gen. Kuczynski. Der ganze kämpferische und parteiliche Geist, der diese Tagung beherrschte, war eine sehr eindeutige Entscheidung gegen die revisionistischen Erscheinungen.«

Hager und die Abteilung Wissenschaften verlangten damals, daß ich aus der Partei nicht »ausgeschlossen«, sondern »gestrichen« werde, das heißt, nie in die Partei hätte aufgenommen werden sollen.

Warum bin ich so ausführlich auf diese Zeit eingegangen? Weil ich mich, als ich 1992/93 dies Buch schrieb, fragte: Hätte ich bei dieser üblen Hetze gegen mich nicht die Realität der DDR erkennen müssen? Und weiter fragte ich mich: Was wäre geschehen, wenn ich die Realität der DDR erkannt hätte, die fundamentalen gesellschaftlichen Mängel, die sie hatte. Wenn ich etwa erkannt hätte, daß es fast 2.000 Jahre (bis 1879) gedauert hatte, bis der Papst für unfehlbar erklärt wurde, aber keine fünf Jahre, bis das Politbüro sich als unfehlbar aufführte, daß die Pressefreiheit unter dem System des Feudalismus-Absolutismus Friedrich des Großen größer war als in der DDR? Zweierlei wäre geschehen:

Da ich unter keinen Umständen in die BRD ausgewandert wäre, hätte ich entweder fünf Minuten reden dürfen und wäre dann ins Zuchthaus verfrachtet worden, oder ich hätte wie ein Feigling schweigen müssen, und wissenschaftlich wahrlich nicht unwichtige und andere anregende Bücher von mir wären nicht erschienen.

Und zweitens, fast noch wichtiger: Wenn ich Oben in Ungnade war, drohten mir schlimme Strafen, wenn ich in Gnade war, schien die Sonne besonders schön, da ich mit manchen Politbüromitgliedern schon in unserer Jugend befreundet war, weshalb ich 1989 die gleiche Anzahl von Orden und von angedrohten bzw. durchgeführten Parteistrafen hatte. Wenn mir aber Oben die Sonne schien, dann konnte ich so manchen Genossen, die politisch in Schwierigkeiten geraten waren, helfen. Jeder, der die Parteigeschichte der SED kennt, kennt den Fall »Herrnstadt«, der aus dem Politbüro und dem ZK geworfen wurde und eine kleine Stelle im Staatsarchiv in Merseburg erteilt. Nach seinem Herauswurf wurden wir gute Freunde, und als er sein Buch »Die Entdeckung der Klassen« veröffentlicht hatte, sandte er es mir mit der Widmung: »Jürgen Kuczynski, dem Freunde der Mühseligen und Beladenen, in aller Herzlichkeit vom Verfasser überreicht.« Das Datum der Widmung ist der 31.1.1966, genau acht Jahre und eine Woche nach der zuvor zitierten Hetze-Sitzung der Abteilung Wissenschaften gegen mich. Das heißt, wenn ich meinen so fundamentalen Fehler 1957/58 erkannt hätte, wäre ich in eine Situation geraten, die es mir unmöglich gemacht hätte, anderen Genossen in ihren politischen Schwierigkeiten zu helfen, eine für mein Leben in der DDR so wichtige Aktivität.

Und darum sagte ich mir, und schreibe es ganz offen heute und hier: Ich bin nicht unglücklich, ja bisweilen froh, daß ich diesen fundamentalen politischen Fehler, den schwersten meines Lebens, gemacht habe. Nichts zeigt besser als dieses Geständnis, in welcher Zeit, in welchem Jahrhundert ich gelebt habe. Nichts kann daher auch dieses neue Buch klarer rechtfertigen als dieses Geständnis.

Jürgen Kuczynski

Der Dialog

Urgroßvater, Du rauchst, warst und bist kein radikaler Alkoholgegner und erfreust Dich mit über 90 Jahren einer guten Gesundheit sowie geistiger Frische und Produktivität. Bist Du viel in der Natur, oder was ist Dein Lebenselixier?

Aber nein, von guter Gesundheit kann keine Rede sein. Ich kann gerade noch ohne große Mühe hundert Meter laufen und gerade noch trotz meiner Schwerhörigkeit jemanden, der mit gegenübersitzt und laut spricht, verstehen. Aber meine Gesundheitsschäden sind völlig bedeutungslos für meine geistige Arbeit , und das ist das Großartige.

Ich bin jetzt hauptberuflich Wirtschaftsjournalist mit zwei festen Artikeln in drei Zeitungen pro Woche. Um die schreiben zu können, lese ich jeden Morgen ab 6.30 Uhr vier Zeitungen: die »Frankfurter Allgemeine Zeitung«, ein Organ des deutschen Großkapitals von hohem journalistischem Niveau, die »Berliner Zeitung«, ein im besten Sinn des Wortes liberales Organ der Bourgeoisie, das »Neue Deutschland« und die »junge Welt«. Dazu Wirtschaftszeitschriften, auch ausländische wie den Londoner »Economist« und die New Yorker »Business Week«.

Aber auch die übrigen Interessen meines Lebens auf dem Gebiete der Kultur habe ich nicht aufgegeben, auch nicht auf internationaler Ebene – und so lese ich regelmäßig das Londoner »Times Literary Supplement« und die New Yorker »Review of Books«, zwei literarische Zeitschriften von gutem Niveau. Zwar ziehe ich es seit mindestens 30 Jahren vor, die Natur aus meinem Fenster mit Blick auf zwei Magnolienbäume von wunderbarer Schönheit um den 1. Mai herum zu beobachten, zwar gehe ich nicht mehr in Kunstausstellungen, aber habe dafür den unbeschreiblich schönen Anblick des Gesichtes Deiner Urgroßmutter, zwar kann ich wegen meiner Schwerhörigkeit nicht mehr ins Theater oder auf Versammlungen, auf denen ich nicht spreche, gehen, aber das bedeutet mehr friedliche Zeit zu Hause, auch für Briefe, zumeist Antworten auf die zahlreiche Post, die ich erhalte.

Meistens fahre ich nur Montags zu Redaktionen, in die Stadt. Montag, Mittwoch, Freitag bringt mein Fahrer seit 30 Jahren, Horst Graf, meine Sekretärin seit 30 Jahren, Gretel Kreipe, für den Vormittag zu mir, und Graf und ich fahren zum Mittagessen in das Kasino in die Prenzlauer Allee zu dem Gebäude, wo ich einst für die Akademie der Wissenschaften gearbeitet habe, und das heute der Humboldt-Universität gehört.

Im allgemeinen bin ich um 13 Uhr mit dem Lesen der Presse und meinen schriftlichen Arbeiten fertig. Und dann lese ich jeden Tag einen Krimi – ohne Rücksicht auf sein literarisches Niveau, aber spannend muß er sein, mich wie ein ungebildeter Schuljunge benehmend. Gegen 17 Uhr gehe ich schlafen.

Du siehst, ich habe ein sagenhaft friedliches Leben in einer sagenhaft unfriedlichen, chaotischen Welt, deren Geist oder richtiger Ungeist voll zu begreifen ich mich bemühe. Trotz der Kürzung meiner Rente kommen wir mit dem Einkommen gerade aus, bescheiden in bezug auf Nahrung und Kleidung lebend, ohne Käufe neuer Bücher, wohl aber antiquarischer – zu meinem Glück senden mir gar manche Autoren aus allen Teilen der Welt noch ihre Werke.

Das Ganze ein unsinniges Idyll!

Ach Urgroßvater, ich bin so enttäuscht, daß Du meinst, die Welt habe sich in den letzten 20 Jahren, seit Du den alten »Dialog« geschrieben hattest, so verändert und sei so kompliziert geworden, daß ich heute, wo ich Student bin, Deiner Ansicht nach noch nicht fähig bin, die richtigen Fragen zu stellen. Ich dachte, nach dem Untergang der Länder des »Realen Sozialismus«, wo doch Europa jetzt einheitlich kapitalistisch ist, sei sie einfacher, verständlicher geworden.

Nein, mein Guter. Sie ist viel, viel schwerer verständlich geworden. Weißt Du, gerade kürzlich hat mich die »junge Welt« um ein Interview über die Weltlage gebeten. Ich gebe hier den Text dieses Interviews, so wie ich es ursprünglich gegeben habe, also ohne journalistische Überarbeitung durch die Zeitung, wieder, und Du wirst verstehen, wie klug die Fragen von Jürgen Elsässer in dieser elend schlimmen und komplizierten Weltsituation gewesen sind, und auch daß Du sie noch nicht hättest stellen können:

> **»In verschiedenen Aufsätzen hast Du ausgeführt, daß die gegenwärtige Wirtschaftskrise keine normale zyklische Krise sei, wie sie ansonsten alle fünf oder zehn Jahre vorkommt, sondern eine besonders schwere, wie sie sich zuletzt Ende der 20er Jahre ereignet hat. Worin sind sich die Depression nach 1929 und die aktuelle Krise – auch eine Depression? Eine Stagflation? Oder was? – ähnlich?**

Die gegenwärtige Krise ist eine Krise besonderer Art. Sie ist keine zyklische Krise, die nach der zyklischen Krise von 1993 erst nach dem Jahre 2000 wieder erfolgen sollte – seit 1847 haben wir zyklische Krisen etwa alle 8 bis 10 Jahre. Sie ist auch keine ›Zwischenkrise‹, die, wenn sie überhaupt auftrat, etwa 3 bis 5 Jahre nach einer zyklischen Krise zu beobachten war. Eine Krise etwa einundeinhalb Jahre nach dem Ende einer zyklischen Krise hat es in den letzten 150 Jahren nicht gegeben. Außerdem ist folgendes zu beobachten: Nach der zyklischen Krise von 1993 gab es einen Aufschwung bis in die erste Hälfte von 1995 für das Kapital. Zum ersten Mal in der Geschichte des Kapitalismus aber verschlechterte sich gleichzeitig die Lage der Werktätigen ununterbrochen. Seit 1991 steigen Arbeitslosigkeit und Obdachlosigkeit von Jahr zu Jahr, ganz gleich wie die Konjunktur für das Kapital sich gestaltet. Das heißt, die Lage der Werktätigen befindet sich seit fünf Jahren in einer Krise, wie sie die Geschichte des Kapitalismus noch nicht gekannt hat. Es herrscht völliges Chaos. Der Kapitalismus befindet sich in der Auflösung. Immer mehr Elemente der Barbarei finden in ihm Platz – so wie es Marx und Engels vorausgesehen haben.

Wenn Du sagst: ›Der Kapitalismus befindet sich in der Auflösung‹, so meinst Du damit offensichtlich mehr als die katastrophale Verschlechterung der Lage der unteren Klassen. Den Kapitalisten könnte es ja egal sein, daß die Arbeitslosigkeit und Obdachlosigkeit auch bei Konjunkturaufschwung zunehmen – Hauptsache,

IHRE Kasse stimmt. Oder brechen die Grundlagen der Profitproduktion zusammen? Fußt die Krise im tendenziellen Fall der Profitrate, den wir etwa seit Mitte der 70er Jahre beobachten können?

Wenn ich sage, der Kapitalismus befindet sich in einem Prozeß der Auflösung, so hat das weder etwas mit dem tendenziellen Fall der Profitrate, den wir seit 150 Jahren von Zeit zu Zeit beobachten können, noch mit dem, was Lenin den ›Niedergang des Kapitalismus‹ nannte, zu tun. Lenins ›Niedergang‹ wurde durch die Bildung von Monopolen, von Syndikaten usw. verursacht und dauerte bis zum Ende des Zweiten Weltkrieges. Dann geschah etwas, was Lenin nicht vorausgesehen hatte. Das Kapital erkannte nämlich gleichfalls die vom Monopol ausgehenden Faktoren des Niedergangs und schaffte es ab. An die Stelle von Ford traten drei miteinander konkurrierende Riesenkonzerne und ebenso an die Stelle von IG-Farben. Das Oligopol wurde zur Standardeinrichtung, und von allen Regierungen der führenden kapitalistischen Staaten wurden Kommissionen eingerichtet, die darüber zu wachen hatten, daß sich keine Monopole bildeten. Das, was heute vor sich geht, hat Marx in Band 3 des ›Kapital‹ vorausgesehen, als er meinte (Marx/Engels, Werke Bd. 25, S. 274), die Produktivität in der Wirtschaft würde so weit steigen, daß ein immer größerer Teil der Bevölkerung überflüssig wird. In dieses Stadium der Entwicklung sind wir eingetreten. Die Industrie, die vor 30 Jahren noch die Hälfte der abhängig

Erwerbstätigen beschäftigte, produziert heute mit einem Drittel der Beschäftigten mehr als vor 30 Jahren, und man berechnet bereits die Zahl der Jahre, nach denen sie nur noch ein Viertel beschäftigen wird und weitere Millionen Arbeiter entlassen hat.

Wenn du sagst, ›Der Kapitalismus befindet sich in Auflösung‹ – ist dies ein Prozeß, wie er zuvor nach dem Schwarzen Freitag 1929 ablief? Und wurde diese Krise damals nicht ausschließlich durch die europaweite Zerstörung von konstantem Kapital durch den Weltkrieg behoben?

Der Schwarze Freitag 1929 löste die schwerste Wirtschaftskrise in der Niedergangsperiode des Kapitalismus aus, die Krise, die in Deutschland von 1929 bis 1932, in den USA bis 1933 dauerte. Sie brachte u.a. die höchste Arbeitslosigkeit in der Geschichte des deutschen Kapitalismus. Die Krise brachte die tiefste Erschütterung des deutschen und des Weltkapitalismus in seiner Geschichte, aber sie brachte keine Auflösungserscheinungen, kein Eindringen kapitalismusfremder, barbarischer Elemente wie gegenwärtig etwa steigende Arbeitslosigkeit auch in Jahren günstiger Konjunktur, ein zeitlich unbeschränktes ›Überflüssigwerden‹ immer größerer Teile der Bevölkerung.

Nach dem Zweiten Weltkrieg aber können wir nicht nur eine Belebung der Konjunktur durch den Wiederaufbau des kriegszerstörerischen Kapitals und von Wohnhäusern, sondern einen echten teilweisen Gesundungsprozeß des Kapitals bis in die siebziger Jahre infolge der Ersetzung von Monopolen durch Oligopole beobachten. Dieser teilweise Gesundungsprozeß verführte einen großartigen linken Wirtschaftsanalytiker wie Eric Hobsbawn, der ganz klar den Verall seit den achtziger Jahren ›in Dunkelheit‹, wie er formuliert, sieht, von den ›Glanzjahren‹ des Kapitalismus im ersten Vierteljahrhundert nach dem Zweiten Weltkrieg zu sprechen. Dieser teilweise Gesundungsprozeß nach dem Zweiten Weltkrieg verführte einen großartigen Beobachter der Entwicklung in Deutschland wie Peter Alheit, der genau wie ich von einem Eindringen von Elementen der Barbarei in die deutsche Gesellschaft heute spricht, dazu, zu behaupten, daß die Gesellschaft der Bundesrepublik nach dem Zweiten Weltkrieg zunächst auf dem glücklichen Wege in ein Zivile Gesellschaft, wie sie Gramsci vorschwebte, war.

Der Kapitalismus bringt einen Produktivitätsschub, der Arbeiter ›überflüssig‹ macht – das ist allerdings nichts Neues. Allerdings wurde der Produktivitätsschub bisher – ich denke an die zwanziger Jahre und die Fließbandfertigung von Ford – dadurch ausgeglichen, daß mehr produziert wurde – und mehr abgesetzt. Warum ist das heute nicht möglich? Und: Unter welchen Bedingungen wäre dies wieder möglich?

Seit der Erfindung der Werkzeugmaschine im 18. Jahrhundert ist die Produktivität im Kapitalismus ständig gestiegen. Deshalb hieß es schon im ›Kommunistischen Manifest‹: ›Die Bourgeoisie kann nicht existieren, ohne die Produktionsinstrumente, also die Produktionsverhältnisse, also sämtliche gesellschaftlichen Verhältnisse fortwährend zu revolutionieren. Unveränderte Beibehaltung der alten Produktionsweisen war dagegen die erste Existenzbedingung aller früheren industriellen Klassen.‹

Bis an das Ende des 19. Jahrhunderts beobachten wir trotzdem zu Zeiten der Hochkonjunktur fast immer Arbeitsmangel, weil, wie Du ganz richtig feststelltest, die Produktion im allgemeinen schneller stieg als die Produktivität. Im 20. Jahrhundert war Arbeitermangel seltener zu beobachten, aber natürlich ging die Arbeitslosigkeit während des Konjunturaufschwungs zurück. Das ist, wie schon bemerkt, seit den neunziger Jahren nicht mehr der Fall. Woran liegt das? Ist etwa die Produktivität so enorm gestiegen?

Gerhard Kosel, wohl der beste Kämpfer für technischen Fortschritt unter den Wissenschaftlern der DDR und entsprechend auch oft genug geprügelt und in ›Ungnade‹ gefallen , sandte mir kürzlich eine Studie, in der er von der ›enormen Steigerung der Arbeitsproduktivität‹ im 20. Jahrhundert spricht. Vielleicht hat er recht, wenn er meint, daß der technische Fortschritt im 20. Jahrhundert enorm war, aber einmal können wir den technischen Fortschritt nicht statistisch messen, und sodann müssen wir zwischen technischem Fortschritt und Steigerung der Arbeitsproduktivität deutlich unterscheiden. Man muß doch folgendes sehen: Wenn durch eine Veränderung der Zusammensetzung des Drahtes in einer Glühbirne das Leben dieser Birne verdoppelt wird, dann hat man einen enormen technischen Fortschritt gemacht. Wenn aber die Materialkosten und die notwendige Arbeitszeit zur Herstellung der Birne deshalb nicht steigen, dann hat gleichzeitig die Produktivität stagniert.

Die umfassendsten Studien zur Entwicklung der Produktivität hat August Maddison gemacht (zuletzt Monitoring the World Economy 1820-1992). Danach war das Vierteljahrhundert 1950-73 ganz einzigartig in der Steigerung der Arbeitsproduktivität – zuvor, 1913-50, und nachher, 1973-92, stieg sie nur halb so stark pro Jahr. Das liegt jedoch daran, daß Maddison zu große Zeiträume zusammenfaßt. Hätte er, wie der ihm in der Länge der betrachteten Zeit nahekommende Kuczynski (etwa in Band 37 seiner ›Geschichte der Lage der Arbeiter‹) die Perioden 1820-70 und 1870-1913 wie dieser aufgegliedert, dann wäre ihm eine ähnliche Steigerung der Arbeitsproduktivität in den siebziger Jahren des 19. Jahrhunderts begegnet. Das heißt, die Entwicklung der Arbeitsproduktivität in den letzten 170 Jahren war außerordentlich ungleichmäßig.

Wenn nun in den neunziger Jahren unseres Jahrhunderts die Arbeitsproduktivität stärker steigt als die Produktion oder weniger absinkt als diese, dann erscheint mir das als ein weiteres Zeichen des Verfalls des Kapitalismus, seiner Auflösung in Barbarei, eines Verfalls, der schlimmste Not für die Bevölkerung bringt.

Unter sozialistischen Verhältnissen aber ist ein solcher

Trend infolge der ständigen Verkürzung der Arbeitszeit ein Glück für die Menschen, denn sie brauchen immer weniger zu arbeiten, um die für das Leben notwendigen Waren zu produzieren. Schließlich, so erklärte ich es immer meinen Studenten, werdet Ihr, so wie heute beim Militär, ein bis zwei Jahre eures Lebens in der Produktion arbeiten müssen, und der Rest Eures Lebens wird Hobbyarbeit sein. Euer Lebensunterhalt wird nicht von einem Lohn oder Gehalt abhängen.

1999 soll die Europäische Währungsunion (EWU) starten. Was bedeutet das für die Milderung oder Verschärfung der globalen Krise im allgemeinen? Teilst Du die Unterstützung des DGB für dieses Projekt? Wie würde sich die EWU auswirken, wenn nur ein kleiner Teil der EU-Staaten teilnähme? Was würde passieren, wenn die EWU verschoben würde?

Der Kapitalismus ist heute tödlich erkrankt. Er löst sich auf in Barbarei. Wenn mehrere Todkranke sich zusammentun, können sie sich gegenseitig trösten, auch beschließen, nichts einander anzutun, was den Krankheitsverlauf zum Tode beschleunigen könnte, aber sie können sich nicht gegenseitig gegen den Verlauf der Krankheit helfen, ihn etwa verlangsamen. Eine Verschiebung der Europäischen Währungsunion würde sicherlich eine negative Auswirkung auf die »Stimmung« in der Welt des Kaitals haben, aber die wahre Lage kaum verändern. Auch eine Milderung der Aufnahmebedingungen würde an der Situation wenig ändern.

All die Diskussionen um die Währungsunion sind doch so intensiv und heftig, weil man sich fälschlicherweise so viel von ihr verspricht.

In Deinem letzten Buch entwickelst du ein ›Rezept für den Kapitalismus heute‹: ›von den Nazis lernen und das Gegenteil tun.‹ Was ist darunter zu verstehen?

Dieser Vorschlag ist mir unverständlich. Denn das Nazi-Programm kann nicht einfach umgedreht werden für friedlich Zwecke. Die staatliche Verschuldung hat sich nur deswegen nicht in einer gigantischen Geldentwertung ausgewirkt (bzw. erst nach 1945), weil die Erwartung bestand, daß die Nazis den Gegenwert zu der aufgeblähten Geldmenge irgendwann militärisch zusammenrauben würden. Bis 1943/44 sah es ja auch ganz danach aus. – Auch der Keynesianismus in den USA hat erst funktioniert, als auf Kriegsproduktion umgeschaltet wurde, und nur als Hauptgewinner des Zweiten Weltkrieges konnten die USA einer großen Inflation entgehen.

Ein weiteres Argument scheint mir Deinem Vorschlag zu widersprechen: Die heutige Staatsverschuldung ist in allen kapitalistischen Ländern so gigantisch, daß sie nicht einfach weiter für arbeitsplatzschaffende Maßnahmen aufgebläht werden kann. Das war in den dreißiger Jahren anders, der Staatsinterventionismus in Form des deficit spending war bis dahin doch eher unbekannt.

Nein, Du siehst die Wirtschaftssituation unter den Nationalsozialisten nicht ganz richtig. Selbstverständlich stieg die umlaufende Geldmenge, stieg die Staatsverschuldung, aber nicht unmäßig, da die Gesamtproduktion und die Kaufkraft der Bevölkerung durch Beseitigung der riesigen Arbeitslosigkeit und der Kurzarbeit ebenfalls enorm stiegen.

Stell Dir vor, wir würden die Rüstungsausgaben halbieren und statt dessen staatliche Umweltschutzmaßnahmen ergreifen. Wir brauchten keinen Pfennig mehr ausgeben, um die dreifache Anzahl Arbeiter wie mit der gleichen Milliardensumme in der Rüstungsindustrie zu beschäftigen. Warum? Weil die Umwelt-, die ökologische Arbeit so arbeitsintensiv im Vergleich zur Rüstungsarbeit ist. Arbeit in der Rüstungsproduktion ist wohl die, für die die Lohnkosten gemessen an den gesamten Produktionskosten prozentmäßig die geringsten sind, während sie bei Umweltschutz-, bei ökologischen Arbeiten prozentmäßig mit die höchsten sind, also mit am meisten zur Beseitigung der Arbeitslosigkeit beitragen.

Außerdem: Die Staatsverschuldung in Deutschland ist keineswegs gigantisch. Sie ist die zweitkleinste (gemessen am Inlandprodukt) in der Europäischen Union. Sie ist gefährlich nur, wenn die Krise der Wirtschaft, die soeben begonnen hat, sich ausweitet, und sie gleichzeitig in schnellem Tempo weiterwächst.

Eine überaus wichtige Quelle für höhere Staatseinnahmen, um die Arbeitsbeschaffung zu finanzieren, ohne mehr Schulden zu machen, wäre natürlich eine stärkere Besteuerung der Reichen. Du mußt Dir sagen: 10 Prozent der Bevölkerung verfügen über 50 Prozent des Volksvermögens, die unteren 50 Prozent der Bevölkerung nur über 10 Prozent.

Ist die barbarische Tendenz des Kapitalismus, von der Du zu recht sprichst, nicht Ausdruck einer systembedingten Notwendigkeit, gegen die keine Rezeptur innerhalb des Systems mehr helfen kann? Sind wir nicht in dem Dilemma, daß deswegen der globale Sozialismus/Kommunismus tatsächlich zum Minimalprogramm für das Überleben der Gattung geworden ist – und trotzdem nur eine kleine Minderheit darauf setzen mag?

Ja, so ist es! Wie sagten Marx und Engels? Sozialismus oder Barbarei, das ist die Alternative der künftigen Entwicklung. Und sie waren keineswegs sicher, welche der beiden Richtungen sich durchsetzen würde. Aber sie glaubten (sie wußten es nicht, sie hofften fest) an den Sieg des Sozialismus. Gegenwärtig besteht keine Aussicht auf einen baldigen Sieg des Sozialismus, wie Du ganz richtig feststellst. Aber Du und ich sollten voller Hoffnung auf eine nicht allzu ferne Verwirklichung des Sozialismus sein und schon heute alles für diese Verwirklichung tun mit all unserer Kraft.

Vielleicht meinst Du, wirtschaftliche Fakten sollten, um die Auflösung in Barbarei zu beweisen, noch durch andere ergänzt werden. Nun, leider ist das erschreckend leicht. Ich will Dir nur zwei Meldungen betreffend Kinder nennen – nicht aus der Dritten Welt, wo Dutzende Millionen von ihnen verhungern müssen –, sondern aus der Ersten Welt:

Die eine kommt aus Berlin. Dort sind 1995 mehr Kinder durch Selbstmord als durch Verkehrsunfälle umgekommen.

Die zweite stammt aus den Vereinigten Staaten. Dort ist die zweithäufigste Todesursache von Kindern im Alter von 10 bis 19 Jahren »gun fire«, daß sie erschossen werden. Alle 92 Minuten stirbt in den USA ein Kind durch Erschießen. ›Befriedigt‹ von der Stärke nicht-wirtschaftlicher Argumente für den Ausbruch von Barbarei in der Ersten Welt?«

Urgroßvater, der Kapitalismus in seiner Form der sozialen Marktwirtschaft steht vor ungeheuren Problemen. Das wird niemand bestreiten. Ist aber der Kapitalismus nicht trotzdem das bestfunktionierende gesellschaftliche System? Am ausgereiftesten, am ökonomisch potentesten, am demokratischsten? Wenn es einem Arbeitslosen in der BRD ökonomisch besser geht als einem Arbeiter in der DDR – ist dann nicht jedes sozialistische Experiment – gerechterweise – endgültig zum Scheitern verurteilt?

Zweifellos ist der europäische Kapitalismus dem europäischen sogenannten Realen Sozialismus an Lebenskraft überlegen gewesen. Der Reale Sozialismus in Europa ist gestorben, der Kapitalismus stirbt gegenwärtig langsam durch Auflösung in Barbarei.

Die Haltung der Länder des »Realen Sozialismus« zum Kapitalismus war eine grundfalsche, ganz im Gegensatz zur Haltung Lenins. Lenin hat den Kapitalismus stets als Feind, den historischen und natürlichsten Feind betrachtet, zugleich aber auch stets für die höchste Gesellschaftsform vor dem Sozialismus gehalten. Er hat nicht nur die Kultur des Kapitalismus von Tolstoi und Goethe bis zu Gorki und H.G. Wells hochgeachtet. Sobald der Interventions- und Bürgerkrieg beendet war und man an den Aufbau einer gesunden Wirtschaft gehen konnte, hat er verlangt, daß man den Kapitalismus als »Lehrmeister« betrachten müsse.

Ja, mehr: Lenin hat unter der politischen Herrschaft der damals in vieler Beziehung echt sozialistisch denkenden Bolschewiki eine Wirtschaft aufgebaut, die in so vieler Beziehung der des Kapitalismus ähnelte, daß er sie kapitalistisch nannte. Einige Beispiele dafür aus Band 33 seiner Werke:

»Die Aufgabe des Übergangs zur Neuen Ökonomischen Politik besteht ja darin, daß nach dem Versuch des unmittelbaren sozialistischen Aufbaus unter unerhört schweren Bedingungen, unter den Verhältnissen des Bürgerkrieges, unter Verhältnissen, in denen uns die Bourgeoisie die Formen des unerbitterten Kampfes aufzwang, im Frühjahr 1921 für uns die klare Lage eintrat: nicht unmittelbarer sozialistischer Aufbau, sondern auf einer ganzen Reihe von Wirtschaftsgebieten Rückzug zum Staatskapitalismus, nicht Sturmangriff, sondern die sehr schwere, mühevolle und unangenehme Aufgabe einer langwierigen Belagerung, verbunden mit einer ganzen Reihe von Rückzügen. Eben das ist notwendig, um der Lösung der ökonomischen Frage, d.h. der Sicherung des ökonomischen Übergangs zu den Grundlagen des Sozialismus, näherzukommen.« (S.75)

»Wir wollen nicht begreifen, daß, wenn wir ›Staat‹ sagen, dieser Staat wir sind, das Proletariat, die Vorhut der Arbeiterklasse. Staatskapitalismus – das ist jener Kapitalismus, den wir einzuschränken, dessen Grenzen wir festzulegen wissen; dieser Staatskapitalismus ist mit dem Staat verbunden, der Staat aber – das sind die Arbeiter, das ist der fortgeschrittene Teil der Arbeiter, das ist die Vorhut, das sind wir. Staatskapitalismus – das ist jener Kapitalismus, den wir in bestimmten Grenzen organisieren müssen und den wir bisher noch nicht zu organisieren verstehen. Das ist der springende Punkt.« (S.265)

»Wir müssen uns auf den Boden der vorhandenen kapitalistischen Verhältnisse stellen. Werden wir vor der Aufgabe zurückschrecken? Oder werden wir sagen, das sei keine kommunistische Aufgabe? Das hieße, den revolutionären Kampf nicht begreifen, den Charakter dieses Kampfes nicht begreifen, dieses äußerst angespannten Kampfes, der mit den schroffsten Wendungen verbunden ist, über die wir uns auf keinen Fall hinwegsetzen können ... Die Lage, die durch unsere Neue Ökonomische Politik geschaffen worden ist – Entwicklung kleiner Handelsbetriebe, Verpachtung von Staatsbetrieben usw. –, all dies bedeutet Entwicklung kapitalistischer Verhältnisse, und das nicht sehen zu wollen, würde bedeuten, völlig den Kopf zu verlieren.« (S.79f.)

Wie brutal verlangt Lenin, vom Kapitalismus zu lernen, wenn er erklärt: »Darauf müssen wir alle Aufmerksamkeit richten und dürfen uns nicht damit zufriedengeben, daß überall in den staatlichen Trusts und gemischten Gesellschaften verantwortliche und sehr gute Kommunisten sitzen – und das nützt gar nichts, weil sie nicht zu wirtschaften verstehen und in dieser Hinsicht schlechter sind als ein gewöhnlicher kapitalistischer Kommis, der die Schule einer großen Fabrik und einer großen Firma durchgemacht hat. Wir begreifen das nicht, weil es hier noch kommunistischen Hochmut gibt – Komtschwanstwo, um mich wieder der schönen russischen Sprache zu bedienen. Die Sache ist die, daß der verantwortliche Kommunist, der das Zuchthaus ertragen und den Tod nicht gefürchtet hat – es nicht versteht, Handel zu treiben, weil er nicht vom Fach ist, weil er das nicht gelernt hat und nicht lernen will und nicht begreift, daß er mit dem Abc anfangen muß.« (S.261f.)

Ach Lenin! Erlaube, mein Guter, daß ich für einen Augenblick auf etwas ganz anderes zu sprechen komme, auf Lenin, den größten Staatsmann der letzten 2.000 Jahre. Wie groß er war, will ich Dir hier nicht an irgendwelchen staatsmännischen Taten zeigen, sondern an zwei so ganz menschlichen Äußerungen.

Die eine stammt aus einem Telegramm, das er am 1. Januar 1919 an führende Genossen im Sicherheitsapparat sandte. Sie lautet: »Ich grüße und beglückwünsche die Fraktion der Kommunisten zum neuen Jahr. Ich wünsche von ganzem Herzen, daß wir alle im neuen Jahr weniger Dummheiten machen als im alten und daß der Aufbau des Sowjetmacht, an dem besonders die Genossen des Kommissariats für Innere Angelegenheiten arbeiten, erfolgreich vollendet wird.« (Lenin, Briefe, Bd. 5, S. 228)

Die zweite ist noch großartiger und brutaler, weil sie nicht im engeren Kreis von Genossen, sondern auf dem IV. Kongreß der Kommunistischen Internationale am 13. November 1922 fiel. Sie lautete: »Ich möchte noch einige geringfügige Punkte berühren. Es ist zweifellos, daß wir eine enorme Zahl von Dummheiten gemacht haben und noch machen werden. Niemand kann das besser beurteilen und deutlicher sehen als ich. (Heiterkeit) Warum machen wir denn Dummheiten? Das ist klar: Erstens sind wir ein rückständiges Land, zweitens ist unsere Bildung minimal, drittens erhalten wir keine Hilfe. Kein einziges zivilisiertes Land hilft uns. Im Gegenteil, sie arbeiten alle gegen uns. Viertens ist unser Staatsapparat schuld. Wir haben den alten Staatsapparat übernommen, und das war unser Unglück. Der Staatsapparat arbeitet sehr oft gegen uns.« (Werke, Bd. 33, S. 414)

Sei nicht böse über diese kurze Unterbrechung. Aber sie soll Dir zeigen, was für ein Staatsmann Lenin war, wie einzigartig in so vieler Beziehung. Oder kennst Du heute einen Staatsmann, der so über sich und die von ihm durchgeführte Politik sprechen würde oder in der Vergangenheit gesprochen hat?!

Du sollst daraus auch erkennen, was für ein großartiger Anfang des friedlichen Aufbaus eines künftigen (!) sozialistischen Landes die Jahre Sowjetrußlands unter Lenin waren, der nie die Illusion hatte, daß der Sozialismus schon kennzeichnend für das Land war, sondern sagte, er hoffe, daß einst die Kinder oder auch vielleicht erst die Enkel in einer sozialistischen Gesellschaft leben würden.

Ja, der Kapitalismus hat den sogenannten Realen Sozialismus überdauert. Er herrscht, nach einer kurzen Lebensdauer von etwa 100 Jahren von 1350 bis 1450 in Norditalien, ständig in England seit der Mitte des 16. Jahrhunderts, also seit 450 Jahren. Doch jetzt löst er sich auf.

Aber wenn es in Deiner Frage heißt »Wenn es einem Arbeitslosen in der BRD ökonomisch besser geht als einem Arbeiter in der DDR – ist dann nicht jedes sozialistische Experiment – gerechterweise – endgültig zum Scheitern verurteilt?«, dann ist das falsch. Erstens betrachte ich die DDR – im Gegensatz zu einzelnen ihrer Züge! – nicht als ein sozialistisches Experiment. Und sodann: In der Bundesrepublik gibt es gegenwärtig offiziell über 4 Millionen Arbeitslose, und 20 Millionen haben Angst, arbeitslos zu werden. Wer Arbeitslosenunterstützung erhält, kann oft besser essen und trinken, als es ein Arbeiter in der DDR konnte. Aber kein Arbeiter in der DDR brauchte Angst zu haben, arbeitslos zu werden.

Vor allem aber darfst Du nie vergessen, daß Arbeitslosigkeit nicht nur ein ökonomischer, sondern auch ein allgemein gesellschaftlicher Zustand ist. Die Arbeitslosen im Deutschland der schwersten Krise von 1929/32 waren isoliert von ihren Kollegen, in vieler Beziehung vereinsamt, oft mit traurigen Folgen auch im Familienleben. Aber sie waren in gewisser Weise doch noch Teil der Gesellschaft, indem sie am politischen Leben intensiven Anteil nehmen konnten. Denk an die Hungermärsche in England, an die Rathauserstürmungen in Frankreich, an die Massendemonstrationen von Zehntausenden, ja Hunderttausenden in Deutschland. Wenn wir von der Kommunistischen Partei damals zu einer Versammlung in einer der großen Veranstaltungshallen einer Stadt aufriefen, dann kamen Tausende Arbeitslose, ja in Berlin gar über Zehntausend.

Und das gibt es heute im Kapitalismus nicht mehr. Die Gewerkschaften ebenso wie die linken politischen Parteien haben jeden aktiven Kontakt zu den Arbeitslosen verloren. Die Arbeitslosen sind heute, ganz gleich, wieviel sie zu essen haben, gewissermaßen völlig aus der Gesellschaft ausgestoßen, und die Zahl der so ausgestoßenen wächst in Deutschland von Jahr zu Jahr.

Natürlich hast Du recht, wenn Du die kapitalistische Gesellschaft demokratischer als die des »Realen Sozialismus« nennst. Die kümmerliche Basisdemokratie war in der alten BRD größer als in der DDR, die Pressefreiheit, die Versammlungsfreiheit war größer. Aber was bedeutet das schon gegenüber dem in dieser Beziehung absolut jämmerlichen Zustand in der DDR. Die Demokratie war zur Blütezeit der griechischen Polis und der römischen Republik, wenn wir von den Sklaven absehen, weit größer als heute in Deutschland. Und mit der steigenden Arbeitslosigkeit und Obdachlosigkeit, dem Ausschluß von immer mehr Millionen Menschen aus dem gesellschaftlichen aktiven Leben schmilzt das Wenige an echter Demokratie, das es nach dem Zweiten Weltkrieg in der Bundesrepublik gab, immer mehr dahin.

Es tut mir leid, Urgroßvater, aber ein bißchen erinnert mich das Gesagte manchmal an Erich Honecker. Der maß den Fortschritt des »Sozialismus« auch stets daran, daß es in der DDR weder Suppenküchen und Obdachlose noch Arbeitslose gab.

Er begriff nicht, daß die nachgewachsenen Generationen längst andere, neue Werte hatten, daß sie das Fortgeschrittensein an eigenen Maßstäben orteten und nicht an einem überwunden geglaubten System.

Hast Du in Deiner Kapitalismuskritik nicht auch zu sehr ein sechzig, siebzig Jahre altes Bild vor Augen, oder täuscht mein Eindruck?

Du hast recht, daß Erich Honecker genau wie ich es als Fortschritt betrachteten und ich noch heute betrachte, daß es in der DDR keine Arbeitslosigkeit gab, daß keiner, trotz der niedrigen Renten, auch nur einen Tag zu hungern brauchte.

Aber du darfst auch nicht übersehen, daß ich heute, so ganz im Gegensatz zu Erich Honecker, das System der DDR dem der alten BRD für unterlegen ansehe, da es in der DDR noch weniger Basisdemokratie, noch weniger Meinungsfreiheit als in der BRD, ja als unter Friedrich dem Großen gab.

Die nachgewachsenen Generationen haben, wie du bemerkst, »andere Werte«. Einmal ist das natürlich. Wenn es selbstverständlich ist, daß niemand zu hungern braucht, dann verliert dieser Wert im Laufe der Zeit an Bedeutung. Wenn aber keine Basisdemokratie, keine Meinungsfreiheit herrscht, dann sucht sich die junge Generation oft falsche Werte, und das konnte man bereits sehr deutlich im Laufe der Jahrzehnte in der DDR beobachten .

Diese falschen Werte – oft »westdeutsche Werte« – dürfen aber nicht als Fehler und Mängel der jungen Generation betrachtet werden, sondern sie sind durch die Fehler und Mängel des Systems verursacht.

Urgroßvater, Dein berühmtes Buch »Dialog mit meinem Urenkel« hast Du 1977 beendet, vor genau 20 Jahren. Erschienen ist es aber doch erst 6 Jahre später, weil es so lange in der Schublade schmoren mußte. – Dein neues Buch »Fortgesetzter Dialog mit meinem Urenkel« erscheint, nachdem Du es fertiggestellt hast. Und es erscheint in einem Land, das Du nicht besonders magst, das Dich aber toleriert und duldet und nicht anfeindet. Die Schwelle, bevor der Staat gegen Kritiker einschreitet, ist in der BRD offensichtlich höher als in der DDR. Hat der Kapitalismus damit nicht bewiesen, daß er mit »Regimekritikern«, wie Du einer bist, viel toleranter umgehen kann als der Sozialismus?

Ich würde nicht sagen, daß die »Schwelle, bevor der Staat gegen Kritiker einschreitet«, in der BRD viel höher als in der DDR war. Aber sie war etwas höher. Du darfst doch nicht das Verbot der KPD, die Berufsverbote vergessen, die es etwa in England oder Frankreich nicht gab. Auch darfst Du nicht vergessen, daß die Schwelle bis heute höher gegen Rechtsradikale als gegen Linksradikale und Ausländer ist. Wahrlich, ich bin in der DDR oft genug und schlimm genug wegen meiner Meinungsäußerung verfolgt worden. Aber deshalb überschätze ich nicht die Meinungsfreiheit, die in der alten BRD zweifellos größer als in der DDR war. Auch hast Du natürlich unrecht, daß ich heute in Deutschland nicht »angefeindet« werde. Aber wir beide müssen uns auch klar darüber sein, daß Anfeindungen ohne Zwangskonsequenzen nicht allzu gefährlich sind und ertragen werden müssen. Natürlich bin ich empört, daß ich bis vor kurzem bei der Festlegung meiner Rente im negativen Sinne als

»staatsnah« in der DDR betrachtet wurde, und daß erst ein Artikel in der »Frankfurter Allgemeinen Zeitung« zu meinem Geburtstag (85 Jahre) am 17.9.1989, den ich an die entsprechenden amtlichen Stellen sandte, mich von der »Staatsnähe« im Sinne von verbrecherisch befreite, und meine Rente von der Hälfte auf Dreiviertel meiner alten Rente steigen ließ. Aber wenn ich daran denke, daß ich heute wahrlich kritische Artikel über unsere Verhältnisse regelmäßig in drei linken Zeitungen veröffentlichen kann, dann ist doch klar, daß die Basisdemokratie in Deutschland heute größer ist als in der alten DDR. Nie hätte ich in der DDR einen Artikel über die Zustände dort schreiben können, der so kritisch gewesen wäre, wie etwa der folgende, der im Februar 1996 in meiner regelmäßigen Dienstag-Spalte erschien:

> Tiefster Pessimismus:
> In jedem der großen führenden kapitalistischen Länder gibt es eine Zeitung, die in hervorragender, auch literarisch-journalistisch ausgezeichneter, Weise die Interessen des Großkapitals mit kluger Einsicht in seine Verhältnisse vertritt. In Deutschland ist das die »Frankfurter Allgemeine Zeitung«. Wo in Deutschland gibt es eine politisch rechte Zeitung, ein wahrlich konservatives Organ, in dem man auf der ersten Seite unter der Überschrift »Draußen vor der Tür« folgenden Artikelanfang lesen könnte:
>
> »Sie standen unsichtbar vor der Tür des Deutschen Bundestages: die mehr als vier Millionen Arbeitslosen in Deutschland. Doch auch die Debatte über den Jahreswirtschaftsbericht der Bundesregierung hat keine Ant-

wort auf die Frage gegeben, wie der schockierend hohen Arbeitslosigkeit beizukommen ist. Dabei sind die aktuellen Arbeitslosenzahlen nur ein Teil der Wirklichkeit. Nimmt man die Zahl derer hinzu, die in Arbeitsbeschäftigungmaßnahmen untergebracht oder im Vorruhestand sind, dann fehlen in Deutschland sechs Millionen Arbeitsplätze oder mehr. Wer ehrlich ist, wird außerdem zugeben müssen, daß dieser Leidensweg noch längst nicht zu Ende ist und daß es keine Patentrezepte gibt für mehr Beschäftigung.«

So sieht ein Organ des Kerns der herrschenden Klasse, ein Organ des Großkapitals, die Situation in Deutschland. Nicht nur der Ernst der Darstellung, mehr noch die Hoffnungslosigkeit dieser Zeilen beeindrucken. Es gibt nur eine mögliche Lösung, die im letzten Satz des Artikels zum Ausdruck gebracht wird: »Alle in Deutschland werden zur Überwindung der Arbeitslosigkeit von liebgewordenen Denkkategorien Abschied nehmen und Opfer bringen müssen. Und das muß bald geschehen.«

Ja, alle werden aufgerufen, Opfer zu bringen. Auch die Arbeitslosen, auch die Sozialhilfeempfänger: Alle! Also auch die Obdachlosen, die Schwerbeschädigten, alle, alle.

Wie deutlich spricht bei aller Unsicherheit darüber, wie man konkret die schlimmste Wirtschaftssituation, in der sich Deutschland nach Beseitigung der ersten Folgen des Zweiten Weltkrieges befunden hat, überwinden soll, das Großkapital in seinem ureigenen Interesse!

Ein veralteter Artikel? Ach, leider heute noch so aktuell wie im Februar 1996, als ich ihn schrieb.

Doch weiter zu Deiner Frage: Ja, der Kapitalismus war einst wahrlich ökonomisch potent, wie Du es nennst. Er war das ökonomisch potenteste System der Weltgeschichte. Weit potenter als etwa die DDR. Den ganzen Wahnsinn der Wirtschaftspolitik des »Realen Sozialismus« kannst Du an folgendem erkennen: Während der Kapitalismus mehr als ein Vierteljahrhundert nach Lenin die Nachteile des Monopolismus erkannte, führten die Länder des »Realen Sozialismus« ihn bei sich ein. Und stell Dir vor: als erster protestierte ich gegen die Einführung des Monopolismus in die Wirtschaft des »Realen Sozialismus«. Aber wann war mir die Gefährlichkeit des Monopolismus im »Realen Sozialismus« klar geworden? Erst im Dezember 1989, als ich einen entsprechenden Artikel im »Neuen Deutschland« veröffentlichte mit dem Titel »Schluß mit dem Monopolsozialismus«. Sagenhaft diese Blindheit eines Wissenschaftlers, der sich einbildete, ein Schüler Lenins zu sein. Und doch, diese Blindheit ist dabei fast harmlos im Vergleich zu all denen, die glauben, Marxisten zu sein, und die noch heute, im Februar 1996, in dem ich diese Zeilen schreibe, vom staatsmonopolistischen Kapitalismus in Deutschland oder in der Welt des Kapitals reden und schreiben.

Sagenhaft, einfach sagenhaft! Findest Du das nicht auch – ich meine sowohl meine späte Erkenntnis wie auch die heutige Unwissenheit anderer dieses Problem betreffend.

Du nennst den Kapitalismus das ausgereifteste System der Gesellschaft. Vor 30 Jahren hätte ich Dir recht gegeben. Heute würde ich das kapitalistische System überreif, zu faulen beginnend, nennen. Faul aber in anderem Sinne als Lenin es meinte. Mehr im Sinne von sich auflösend.

Einigermaßen zufrieden mit meiner Antwort? Aber sage Dir

und tröste Dich damit: Wenn ich noch ein paar Jahre länger leben sollte, würde sie klarer und vielleicht noch ausführlicher sein. Und wenn Du mein Alter erreicht haben wirst, wird sie Dir vielleicht als die Antwort »eines begabten Anfängers« erscheinen.

Urgroßvater, ich habe gelesen, daß es heute keinen nationalen Kapitalismus mehr gebe, nur noch eine kapitalistische Weltwirtschaft. Stimmt das? Und wie steht es mit der »Eurowährung«, mit Maastricht?

Nein, das ist eine blöde Übertreibung. Entscheidend sind immer noch die »Nation« und die nationalen Eigentümlichkeiten der Wirtschaft.

Das heißt natürlich nicht, daß Ereignisse etwa in der stärksten Wirtschaft der Welt, in den Vereinigten Staaten von Amerika, nicht Einfluß auf alle Wirtschaften haben können, oder daß es nicht internationale Eigentümlichkeiten der Wirtschaft gibt. Die wichtigste unter den letzteren sind die internationalen zyklischen Wirtschaftskrisen, die seit 1847 etwa alle 8 bis 10 oder gar 12 Jahre eintreten. Sie sind wirklich international, aber gewissermaßen uralt, sind keine Erscheinung des »modernen« Kapitalismus.

Und auch da gibt es merkliche Unterschiede. Zwar erfaßte die schlimmste zyklische Wirtschaftskrise, die von 1929/33, alle führenden kapitalistischen Länder fast gleichzeitig im Herbst 1929, aber wie steht es zum Beispiel mit der letzten zyklischen Krise?

In den Vereinigten Staaten von Amerika, in Großbritannien und Italien setzte die Krise schon in den letzten Monaten des Jahres 1990 ein, erst gegen Ende 1991, also ein Jahr später, gesellte sich Japan zu ihnen, im Mai 1992 kam Frankreich, im Juni Deutschland dazu. Im Juni 1992 aber war die Krise in den USA schon ein halbes Jahr vorbei, in Großbritannien seit dem März 1992. In Deutschland dauerte die Krise bis zum Ende des

Jahres 1993, in Frankreich hörte sie erst im April 1994 auf, fast genau wie in Italien, wo sie wohl im März beendet war, während sie in Japan erst im August zu Ende ging. Betreffend Frankreich ist noch zu bemerken, daß die Krise zwar erst im Mai 1992 »richtig« begann, es aber schon 1991 von März bis Mai sowie im August und September Krisenmonate mit einer Industrieproduktion, die unter dem jeweiligen Vorjahresniveau lag, gab. Rechnen wir die Zahl der Krisenmonate zusammen, dann ergeben sich die wenigsten für die USA, nämlich 13, und die meisten für Italien, nämlich 52. Deutschland liegt mit 19 Krisenmonaten hinter Großbritannien mit 17.

Aber meine Betrachtung ist noch nicht zu Ende. Ganz plötzlich, und gegen alle Regeln kapitalistischer Entwicklung, begann im August 1995 eine neue Krise. Und zwar zuerst in Deutschland, wo seitdem die Produktion der Industrie unter der des Vorjahres liegt. Noch im Dezember folgten ihm Frankreich und Italien. Was ist los? Niemand weiß es, auch ich nicht.

Noch viel mehr als die Produktion gehen die Aktienkurse auseinander. Folgendes war der

Stand der wichtigsten Aktienindices:

	30.12.1992	31.12.1993	30.12.1994	9.12.1995
New York	3 312,46	3 754,09	3 834,44	5 117,12
London	2 837,30	3 418,40	3 065,50	3 689,30
Tokio	16 924,95	17 417,24	19 723,06	19 868,15
Frankfurt	1 545,05	2 266,68	2 106,58	2 253,88

Betrachten wir zunächst die wichtigste kapitalistische Börse, Wallstreet in New York. 1993 lag die Industrieproduktion etwa 4 Prozent über dem Niveau des Vorjahres, und die Aktien stiegen um rund 13 Prozent. 1994 war die Produktion um fast 6 Prozent gestiegen, also wesentlich mehr als 1993, der Aktienindex jedoch ging um kaum mehr als 2 Prozent herauf. Von 1994 bis 1995 aber war die Produktionssteigerung nur etwa halb so groß wie im Vorjahr, der Aktienindex stieg jedoch um den Rekord von rund einem Drittel. Wirtschaftszustand und Aktienkurse scheinen also wenig miteinander zu tun zu haben. Das beweist noch viel deutlicher die Entwicklung in Deutschland. 1993 war bekanntlich das Jahr der schärfsten Nachkriegswirtschaftskrise und zugleich ein Jahr rapider Steigerung der Aktienkurse. Als sich 1994 die Konjunktur wieder beachtlich besserte, ging der Aktienindex zurück, um auch im folgenden Jahr nicht den Stand des Krisenjahres zu erreichen.

Also erste Verrücktheit: Stand der Wirtschaft und Stand der Aktienkurse brauchen keineswegs etwas miteinander zu tun zu haben.

Und nun ein Vergleich der Aktienbewegungen: Ein Rekordjahr war in den USA 1995, in London gab es eigentlich zwei Rekordjahre: 1993 und 1995. Wenn man in Tokio überhaupt von einem Rekordjahr sprechen will, dann war es 1994, das Jahr, in dem in London die Aktienkurse absackten, genau wie in Frankfurt am Mai. Von 1994 bis 1995 stagnierten die Kurse in Tokio praktisch, ähnlich wie in Deutschland, während sie in der Wallstreet und in London Rekorde erreichten.

Wahrlich, man kann nicht von internationalen Aktienmärkten in dem Sinne sprechen, daß sie sich gleichmäßig bewegen, was natürlich nicht bedeutet, daß eine Katastrophe in New York oder London nicht internationale Wirkungen haben kann.

Werfen wir zum Schluß noch einen Blick auf die Entwicklung der Inflation:

Stand der Inflation (Prozent)

	Dezember 1992	Dezember 1993	Dezember 1994	Dezember 1995
USA	2,9	2,7	2,7	2,5
Japan	1,2	1,0	0,7	-0,3
BRD	3,7	3,7	2,7	1,8
GB	2,6	1,9	2,9	3,2
Frankr.	2,0	2,1	1,7	2,1

In den USA, Japan und Deutschland ist die Inflation zurückgegangen und hat sich in Japan als einzigem Land in Deflation verwandelt. In Frankreich hat die Inflation stagniert, in Großbritannien ist sie gestiegen und fast doppelt so hoch wie in Deutschland. Von einer international parallelen Bewegung der Inflation kann man ebensowenig wie bei den Aktienkursen oder der Industrieproduktion sprechen.

Und nun zu Maastricht: Man hat für den Beitritt mit vollem Recht einige ökonomische Maßstäbe für jeden Staat gesetzt, etwa die Höhe der Staatsschulden im Vergleich zum sogenannten Sozialprodukt. Wenn man diese Maßstäbe nimmt, dann erfüllt sie heute nur ein einziger Staat: Luxemburg. Das ist aber ein bißchen wenig für eine europäische Staatenunion.

Ich denke, man kann zu dieser Thematik kurz sagen: Entweder kommt Maastricht nicht zustande, oder wenn, dann als so lockerer Verbund, mit so verschiedenen Verhältnissen in den einzelnen Staaten, daß die Situation sich nicht wesentlich von der gegenwärtigen unterscheidet.

Urgroßvater, ja, die Situation im Kapitalismus ist schlimm, ist erschreckend. Überall, in der Regierung, beim Kapital die Forderung nach Sparsamkeit, nach Abbau der Sozialversicherung – und dabei wachsen die Armut und die Zahl der Millionäre. Stimmt es, wenn ich das zuletzt Bemerkte das Schlimmste, wie Du sagen würdest, das Barbarischste am Kapitalismus nenne?

Ja, da hast Du völlig recht. Stell Dir vor, man hat in den letzten Jahren sogar die früher von Zeit zu Zeit, insbesondere in den USA, veröffentlichten Übersichtstabellen über die Millionäre aufgegeben. Sie sind nicht mehr interessant, da es so viele sind. Man hat sie durch Übersichtstabellen über die Milliardäre ersetzt.

Und die Armut? Wenn man es sich richtig überlegt, so ist sie eigentlich eine recht neue Erscheinung in der Geschichte der Menschheit, vielleicht 15.000 Jahre alt. Vorher gab es keine Armut. Du wirst einwenden, daß in den frühen Zeiten der Menschheit doch so viele so oft hungern mußten, weil sie nicht genug Tiere zum Töten fanden oder nicht genug eßbare Pflanzen. Da hast Du völlig recht. Die Menschen lebten oft in bitterer Not. Aber das ist etwas anderes als Armut. Armut kann es nur dort geben, wo es Reichtum gibt. Und Reichtum gab es als Gegensatz zur Armut damals nicht. Wohl gab es Zeiten, in denen die Menschen mit Glück reichlich Tiere zum Verspeisen, reichlich Pflanzen für schöne Mahlzeiten fanden. Aber dann hatten alle teil daran. Es gab dann nicht Reiche und Arme, sondern nur glückliche Menschen.

Armut ist erst das Produkt des Fortschritts in der Gewinnung von Lebensmitteln, als die Menschen allmählich lernten, Tiere zu züchten und Pflanzen anzubauen, letzteres als sie begannen zu siedeln, als sie auch Kriegsgefangene nicht mehr zu töten brauchten, da diese nur Essen kosteten, sondern diese mehr zu essen produzieren konnten als sie selbst zum Leben brauchten, als man sie zu Sklaven machen konnte und das Gewinn brachte.

Armut ist also das Produkt des Fortschritts, mit dem man nichts zum Nutzen aller anfangen konnte. Und diese Zeit dauert bis heute.

Erschreckend diese Unfähigkeit der Menschen, den Fortschritt wirklich zum Nutzen aller Menschen zu verwenden, nicht wahr? Das ist eben das, war wir Sozialisten zum Ziel haben.

Ist die Armut nun im Laufe der Zeit größer oder kleiner geworden? Das ist eine schwierige Frage. Wenn wir unter Armut nur Hunger und Durst, mangelhafte Kleidung und ungenügendes Wohnen verstehen, dann ging es oft den Arbeitern im Kapitalismus schlechter als den Sklaven in alten Zeiten. Denn Sklaven mußte man kaufen, sie kosteten Geld, das heißt, man mußte, um allen Nutzen aus ihnen zu ziehen, sie arbeitsfähig, also körperkräftig am Leben erhalten. Wenn man aber unter Armut auch geistige Armut versteht, Armut aller Lebensumstände, dann war die Sklaverei in dieser Beziehung die schlimmste Armut, denn die Sklaven waren aller Freiheiten beraubt. Sie durften sich nicht frei bewegen, gehörten »mit Leib und Seele« ihrem »Herrn«. Sie durften im Stillen von sich hinfluchen und klagen, aber keinen Laut dieser Art von sich geben. In dieser Beziehung hatten sie noch nicht einmal das Niveau von Tieren. Denn Hunde dürfen zornig bellen, Katzen dürfen wütend fauchen. Den Sklaven aber waren zornige und wütende Worte verboten.

Aber während es hungrig herumlaufende Hunde und Katzen gab, gab es keine hungrig herumlaufenden Sklaven, denn dann hätten sie nicht zum Profit ihrer Herren ordentlich arbeiten können. Wahrlich, eine sehr merkwürdige, eine ganz einseitige Art von Armut.

Nicht unähnlich ging es den Leibeigenen in der Feudalzeit. Doch gab es neben diesen in der Feudalzeit noch die »Hörigen«, die mehr Freiheiten hatten, aber doch an den Boden gebunden waren, die bei Flucht ihren Boden, ihren Lebensunterhalt und auch den Gewinn aus ihrer Arbeit, der ihnen über das Minimum an Lebensunterhalt zustand, verloren, und die hart bestraft wurden, wenn sie gefaßt wurden. Dieser kleine Gewinn aus ihrer Arbeit lohnte sich durchaus, trotz der Abgabeverpflichtungen an den »Herrn«, in der Blütezeit des Feudalismus. Erst in der Niedergangsperiode schmolz der Gewinn zum Teil zu einem Nichts.

Das heißt, die Armut im weiteren Sinn des Wortes ging in der Feudalzeit zurück im Vergleich zur Sklavenhalterzeit.

Und dann kam die Zeit des Kapitalismus. Da erhielten die Arbeiter volle Freiheit: Es gab keinen Herrn mehr, kein Land mehr, an die sie gesetzlich gebunden waren. In dieser Beziehung verschwand die Armut völlig. Es gab und gibt nur noch gesetzlich freie Menschen.

Um so schlimmer war die ökonomische Bindung, die mit der Werkzeugmaschine einsetzte. Sehr schnell wurde die Werkzeugmaschine so kompliziert und teuer, daß sie kein Arbeiter, kein Handwerker mehr kaufen konnte. Das gilt auch in gewisser Weise für die in der Landwirtschaft gebrauchten Maschinen. Außerdem behielten die meisten Hörigen und Leibeigenen bei ihrer Befreiung so wenig Land, daß sie keineswegs jedes Jahr so viel daraus erarbeiteten konnte, daß sie ordentlich davon leben konnten. Es begann eine neue Art von Sklaverei, die man ökonomische Abhängigkeit nennt.

Den kleinen Bauern ging es eigentlich in der ganzen Geschichte des Kapitalismus schlecht oder mäßig. Bestenfalls lebten sie nicht in Not, sondern hatten genug zu essen und zu trinken und hatten einigermaßen erträglichen Wohnraum. Bestenfalls! Das Gleiche kann man von den kleinen Handwerkern sagen. Nicht aber, wenn sie Heimarbeiter waren, es nicht zu einer eigenen Werkstatt brachten. Dann lebten sie eigentlich stets in schlimmer Not.

Wie aber steht es mit den Arbeitern, deren Zahl von Jahrzehnt zu Jahrzehnt mehr anwuchs? Da können wir folgende Perioden unterscheiden: Zuerst die bis zur Krise von 1847. In dieser Periode verschlechterte sich die Lage der Arbeiter, ja der ganzen Bevölkerung, wohl mit Ausnahme der Intelligenz, ständig, während der Reichtum der Kapitalisten ständig zunahm. Für die große Masse der Bevölkerung sei nur daran erinnert, daß ein Braten am Sonntag ein Glück für die Arbeiterfamilie darstellte, und diese Glück im Laufe der ersten Hälfte des 19. Jahrhunderts immer seltener wurde. So ging der Verbrauch von Fleisch in Hamburg zwischen dem Anfang der zwanziger Jahre und dem Ende der vierziger Jahre pro Kopf der Bevölkerung um 37 Prozent zurück. (»Beiträge zur Statistik Hamburgs mit besonderer Berücksichtigung auf die Jahre 1821-1852«, Hamburg 1854). Die Reallöhne der Arbeiter entwickelten sich in dieser Zeit wie folgt (vgl. Kuczynski, Lage der Arbeiter, Bd. 1, S. 253):

Bruttoreallöhne in Deutschland 1820-1849
(1900 = 100)

1820-1829	86
1830-1839	82
1840-1849	75

Die Reallöhne sind von Jahrzehnt zu Jahrzehnt gesunken, insbesondere die der gelernten Arbeiter.

Gleichzeitig stieg die Zahl der Arbeitsstunden pro Tag und Woche, und zwar sowohl für Erwachsene wie für Jugendliche und Kinder. Schon 1825 mußten Kinder (!) bis zu 12 und 15 Stunden arbeiten (vgl. dazu G.K. Anton, Geschichte der preußischen Fabrikgesetzgebung bis zu ihrer Aufnahme durch die Reichsgewerbeordnung, Leipzig, 1891, S. 20f.).

Welch furchtbare Zeit für die Arbeiter und ihre Familien! Welche furchtbare Häufung von Elend, von Armut! Immer weniger Realeinkommen! Immer längere Arbeitszeit! Immer mehr Kinder in immer jüngerem Alter in den Fabriken!

Die zweite Periode von 1850 bis 1900 brachte eine deutliche Verbesserung der Lage der Arbeiter, brachte steigende Reallöhne, sinkende Arbeitsstunden, Rückgang der Kinderarbeit.

Setzen wir zunächst unsere Tabelle der Reallöhne fort (Kuczynski, a.a.O., Bd. 4, S. 331):

Durchschnittliche Bruttoreallöhne, 1820 bis 1902 (1900 = 100)

Zeitabschnitt	Reallohnindex	Wirtschaftszyklus	Reallohnindex
1820-1829	86	1867-1875	76
1830-1839	82	1876-1886	83
1840-1849	75	1887-1893	92
1850-1859	69	1893-1902	97
1860-1867	75		

Die Reallöhne sind noch einmal von 1840/49 bis 1850/59 abgesunken, aber dann von Wirtschaftszyklus zu Wirtschaftszyklus gestiegen. Im Ganzen um rund 40 Prozent. Insbesondere sind die Reallöhne der Gelernten heraufgegangen. Ja, um 1900 gab es nicht wenige gelernte Arbeiter, die stolz drauf waren, daß ihr Lohneinkommen ausreichte, um die Familie ordentlich zu verpflegen, so daß ihre Frauen nicht auf Arbeit zu gehen brauchten, und erst recht nicht ihre Kinder bis zu 14 Jahren. Die folgende Tabelle zeigt die steigende Lohndifferenz der gelernten Arbeiter:

Lohndifferenz für Gelernte und Ungelernte, 1871 bis 1900
(Prozent)

Wirtschaftszyklus	Bauarbeiter	Baumwollspinner	Bergarbeiter
1871-1875	31,6	38,5	-
1876-1886	36,6	45,0	20,1
1887-1893	37,8	49,5	25,6
1893-1902	37,2	46,5	30,6

Gleichzeitig sank die durchschnittliche Arbeitszeit von 12 bis 15 Stunden auf etwa 10,5 Stunden.

Also wahrlich eine absolute Verbesserung der Lage der Arbeiter in diesem Halbjahrhundert. Auf Kosten des Kapitals? Ganz im Gegenteil! Die Profite des Kapitals und die Zahl der großen Kapitalisten nahmen enorm zu. Nicht zum wenigsten durch die rapide Steigerung der Arbeitsleistung der Arbeiter, wie die folgende Tabelle zeigt (vgl. Kuczynski, a.a.O., S. 395):

Arbeitsleistung in Industrie und Bergbau, 1850 bis 1900

Wirtschaftszyklus	Produktion pro Arbeiter	Steigerung Prozent
1850-1859	42	-
1860-1866	52	+24
1867-1875	65	+25
1876-1886	69	+6
1887-1893	79	+14
1893-1902	96	+22

Während die Reallöhne in dem Halbjahrhundert 1850/59 bis 1893/1902 um rund 40 Prozent stiegen, stieg die Arbeitsleistung pro Arbeiter um fast 130 Prozent, um mehr als das Dreifache der Reallohnsteigerung. Man kann sich vorstellen, wie die Profite heraufgingen, die der einzelne Kapitalist machte.

Und gleichzeitig stieg die Zahl der großen Kapitalisten enorm an. Leider gibt es keine vernünftige Statistik ihrer Zahl. Aber eine Andeutung vermittelt folgende Statistik der Industrieproduktion (ebendort, S. 61):

Steigerung der Industrieproduktion Deutschlands, 1860 bis 1900, (1913 = 100)

Wirtschaftszyklus	Index	Wachstum im Zyklus
1860-1866	15	-
1867-1875	20	38
1876-1886	27	37
1887-1893	39	42
1893-1902	57	45

Die Industrieproduktion ist in der hier betrachteten Zeit um fast das Vierfache gestiegen.

In den letzten beiden Jahrzehnten entstanden bereits eine ganze Reihe von Riesenunternehmen, die sich zu Monopolen zusammenzuschließen begannen. Aus vielen Millionären wurde das, was man Multimillionäre nennt.

Und noch einer Entwicklung beim Kapital müssen wir hier gedenken. Die Kapitalisten beherrschten zwar ihre Betriebe. Aber etwa bis in die letzte Bismarckzeit waren sie relativ machtlos in der Politik. Diese wurde immer noch ganz stark vom feudalen Adel und seinen Interessen bestimmt. In den letzten 15 Jahren des 19. Jahrhunderts aber gewannen sie auch mehr und mehr politischen Einfluß. Wie deutlich wird das auch aus einem Brief von Walther Rathenau, den er am 21.November 1904 an Frank Wedekind schrieb, in dem es, wohl ein wenig übertrieben, heißt: »Was bedeuten heute die adligen Nachkommen und Erben der Starken? Als Schatten sitzen sie auf den letzten Thronen, kommandieren ein paar Exerzierplatztruppen und ›bekleiden‹ Hofchargen. Die wahre Macht halten die klugen Emporkömmlinge. Vanderbilt, Rockefeller, Carnegie, Krupp sind die Könige und das Schicksal unserer Zeit. Kein Xerxes und Attila ist so angebetet worden und hat so effektive Macht besessen. Wie ein brünstiges Tier stürmt die Epoche in die Sklaverei des Plutokratismus.« (W. Rathenau, Briefe, Bd. 1, Dresden 1926, S. 44).

Ja, den Arbeitern ging es in diesem Halbjahrhundert besser, die Verelendung, die absolute Verelendung hörte auf, es erfolgte eine absolute Verbesserung ihrer Lage. Aber die Lage des Kapitals, der einzelnen Kapitalisten, verbesserte sich um das mehrfache stärker und schneller als die Lage der Arbeiter. Wenn die

Reallöhne der Arbeiter um 10 Prozent stiegen, dann stiegen die Profite gleichzeitig um 20 und 30 und noch mehr Prozent. Das heißt, während die absolute Verelendung aufhörte, verschlechterte sich die relative Lager der Arbeiter enorm. Der Abstand zwischen Arbeitern und Kapitalisten wurde immer größer.

Und dann folgt das schlimmste Halbjahrhundert in der deutschen Geschichte. Nicht eine einzige Tabelle ist nötig, um Die das anzuzeigen. Einige Zahlen und einige Worte genügen, um Dir anschaulich zu machen, was für eine furchtbare Zeit das gewesen ist.

Sie beginnt relativ harmlos mit einer Stagnation der Reallöhne; ihr Index lag, 1900 gleich 100, 1893-1902 bei 97, und die gleiche Zahl gilt für die Jahre 1902-1914.

Und dann folgen die furchtbaren Kriegsjahre von 1914 bis 1918. Kein großer Industrieller, kein »Kapitalist von Format« mußte an die Front, wohl aber Millionen »einfache Deutsche«, von denen so viele den Tod fanden und noch mehr nach Kriegsende irgendwie verkrüppelt nach Hause kamen. Viele Millionen Frauen und Kinder mußten in den letzten Kriegsjahren oft hungern.

Dem Kapital aber ging es blendend. Hören wir nur eine einzige Quelle, B. Menne, Krupp, Zürich 1937, S. 332 f.:

»Da sind zunächst die ›Bruttogewinne‹, die eigentlich schon weitgehend Nettogewinne sind, denn Neuanlagen und Umbauten wurden aus laufenden Einnahmen bezahlt, also vorher in Abzug gebracht. Sie ergeben folgendes Bild:

1914/15	1915/16	1916/17	1917/18
128,2 Mio	143,3 Mio	103,5 Mio	56,9 Mio

Obwohl die letzte Ziffer nach dem Zusammenbruch veröffentlicht, also ziemlich irreal ist, bleibt doch die respektable Gesamtsumme von 432 Millionen Mark. Fast eine halbe Milliarde Bruttogewinn, ohne die riesigen Aufwendungen für Neubauten! Das sind 225 Millionen mehr als der Gewinn der vier letzten Friedensjahre, die selber schon üppige Hochkonjunkturjahre waren.

Daneben ist der ausgewiesene ›Reingewinn‹ insgesamt 226 Millionen, ein Ergebnis künstlicher Drosselung und geheimer Reservationen. Immerhin bleibt auch er noch 100 Millionen höher als der letzte vierjährige Friedensrekordgewinn.

Was hat Krupp also am Kriege verdient? Eingestanden sind eine Viertel-, bzw. eine halbe Milliarde. Aber in ihnen bleiben Neuanlagen und moderne Ausrüstungen unberücksichtigt. Wesentlich näher der Wirklichkeit kommt die Ziffer, die der Verfasser in Essen von einer informativen Persönlichkeit mitgeteilt erhielt: 800 Millionen! Das ist das Viereinhalbfache des Aktienkapitals bei Kriegsbeginn, ist der Gewinn von zwanzig Friedensjahren, mühelos verdient in einer kurzen Kriegsspanne.«

Und zum Schluß noch eine Tabelle. Sie ist wirklich wichtig:

Reallöhne 1914-1918 (1900 = 100)

1914	96
1915	87
1916	78
1917	70
1918	72

Damit hast Du wahrlich eine Anschauung von der absoluten Verelendung der Arbeiter in diesen Jahren – im Gegensatz zur ungeheuerlichen Bereicherung des Kapitals am Kriege.

Ja, und dann folgen fünf Jahre rasend steigender Inflation, in denen es den Arbeitern noch viel schlechter geht, aber auch das Kapital keine steigenden realen Profite mehr macht. Darauf folgen sechs Jahre rapid steigender Profite des Kapitals und einer gewissen Besserung der Lage der Arbeiter, die aber doch so gering ist, daß die Reallöhne 1928/29 gerade etwa das Niveau von einem Dritteljahrhundert zuvor, also des letzten Wirtschaftszyklus im 19. Jahrhundert, erreichen. Kümmerlich, nicht wahr?

Und dann folgt von 1929 bis 1932 die schwerste Wirtschaftskrise in der Geschichte des deutschen Kapitalismus: Die Reallöhne sinken um mehr als ein Drittel, von 98 (1913/14 = 100) auf 64 im Jahre 1932, die Zahl der Arbeitslosen steigt von 9,7 Prozent im Jahre 1928 um mehr als das Vierfache auf 44,4 Prozent im Jahre 1932. Dazu kommen die Kurzarbeiten, so daß der Prozentsatz der Vollbeschäftigten von 85 Prozent im Jahre 1928 auf 33 Prozent im Jahre 1932 absinkt. Selbstverständlich ging es auch dem Kapital, wie in jeder Wirtschaftskrise, schlechter. Aber kein einziger Kapitalist brauchte wie Millionen Arbeiter und kleine Angestellte zu hungern und im Winter zu frieren.

Und dann folgen die Friedensjahre 1933 bis Mitte 1939 unter dem Nationalsozialismus. Alle Arbeiter fanden wieder Arbeit, bis 1939 im Sommer geradezu akuter Arbeitermangel herrschte. Doch aus den über 5 Millionen Arbeitslosen des Jahres 1932 wurden in den Jahren 1939 bis 1945 über 5 Millionen Tote, Deutsche und Nichtdeutsche, die in Deutschland arbeiteten oder interniert bzw. in Zwangslagern untergebracht waren. Eine furchtbare Bilanz und »Ausgleichung« der Zahlen von 1933 bis Mitte 1939.

Und die Reallöhne in der Zeit des Faschismus? 1900 gleich 100 lagen sie 1933-1939 bei 88 und 1940 bis Mai 1945 bei 70. Noch mehr Zahlen? Noch mehr Worte? Nein, die sind nicht mehr nötig.

Über die folgende Zeit habe ich schon alles Wichtige gesagt. Die Lage des Kapitals verbesserte sich so, daß aus Multimillionären Milliardäre wurden, aber auch die Reallöhne verbesserten sich, wenn auch die Arbeitslosigkeit im Vergleich zur Kriegszeit, in der sie fast die ganze Zeit sehr gering war, anstieg.

Doch ein paar Zahlen noch über die relative Gestaltung der Lage des Kapitals und der großen Masse des Volkes. Man kann schätzen, daß am Ende der achtziger Jahre 50 Prozent der Bevölkerung über 10 Prozent des Volksvermögens verfügten, und daß 10 Prozent der Bevölkerung, die Reichsten, über 50 Prozent des Volksvermögens verfügten, oder auch 0,5 Prozent der Reichsten über 10 Prozent des Volksvermögens verfügten, also jeder über rund 100 mal so viel wie der Durchschnitt von 50 Prozent der Bevölkerung und etwa 1.000 mal so viel wie die unteren 10 Prozent der Bevölkerung und natürlich über unendlich viel mehr als alle, die über kein eigenes Vermögen verfügen, weil sie keines haben oder verschuldet sind.

Auch das gibt Dir einen Einblick in die Situation, bevor die Auflösung des Kapitalismus in Barbarei begann, also bis in die achtziger Jahre unseres Jahrhunderts.

Und dann beginnen die furchtbaren Jahre seit 1990, die Jahre des Beginns der Einschleusung von Elementen der Barbarei in die gesellschaftlichen Verhältnisse. Nicht nur ich, sondern zum

Beispiel auch Peter Alheit und Eric Hobsbawm sehen die Welt so. Ja, und genau die Formulierung von Hobsbawm, die »Dunkelheit der Zukunft«, gebraucht auch ein dem Sozialismus doch recht fernstehender Vertreter der amerikanischen Intelligenz, Lester C. Thurow, in seinem soeben erschienenen Buch »The Future of Capitalism, How Today's Economic Forces Shape Tomorrow's World«. Seine Warnung lautet, daß wir langsam in »ein neues dunkles Zeitalter« absinken werden, wenn der Kapitalismus sich weiter so wie in der letzten Zeit entwickelt. Er weist zum Beispiel darauf hin, daß in den USA das reelle Bruttosozialprodukt pro Kopf von 1973 bis 1995 um 36 Prozent gestiegen ist, während der Stundenreallohn der großen Masse der Beschäftigten um 14 Prozent gesunken ist. Thurow ist Professor am Massachusetts Institute of Technology, wo die besten amerikanischen Wirtschaftswissenschaftler des letzten Halbjahrhunderts gelehrt haben.

Absurd, was für Unterstützung ich für meine Analysen erhalte?

Und zum Abschluß noch ein paar Zahlen für Deutschland, berechnet vom Deutschen Gewerkschaftsbund (DGB):

Um 40,3 Prozent ist das Steueraufkommen (Lohnsteuer) der abhängig Beschäftigten zwischen 1990 und 1995 gestiegen. Das Steueraufkommen von Selbständigen und Gewerbetreibenden sank um 17,7 Prozent, das von Kapitalgesellschaften sogar um 37,5 Prozent. Wer Lohn und Gehalt erhält, muß mehr und mehr Steuern zahlen, wer Profit macht, immer weniger. Das nennt man Gerechtigkeit in einer immer barbarischer werdenden Gesellschaft!

Natürlich muß man zwischen den großen Kapitalisten und den kleinen Selbständigen unterscheiden. Die letzteren haben es oft schwer. Wenn seit einigen Jahren die Zahl der Pleiten, die Zahl der Gescheiterten ständig steigt, dann sind es die kleinen Selbständigen, die diese Statistik füllen. Daimler Benz kann einen Milliardenverlust glatt überstehen, ein kleiner Selbständiger scheitert oft an 10.000 Mark.

Ach, mein Guter, wir beide haben sicherlich gedacht: Diese lange Antwort sollte reichen. Aber die letzten 24 Stunden haben uns so viele Nachrichten über Armut und Barbarei gebracht, daß ich einfach noch etwas anfügen muß.

Stell Dir vor, ich schreibe am Dienstag, dem 12. März 1996 um 6.15 Uhr morgens. Vor zwei Tagen, gegen 12.00 mittags, hatte ich diese Antwort beendet. Nachmittags las ich fröhlich einen Detektivroman. Am nächsten Morgen, gestern, Montag, las ich auf dem üblichen Montag-Morgen-Weg zur »jungen Welt«, um meinen Artikel für Dienstag abzugeben, die Nachricht über die Statistik des DGB, die mir als Abschluß für meine Antwort doch wichtig erschien, und fügte sie noch an meine Antwort an.

Später las ich in der »Frankfurter Allgemeinen Zeitung« den Bericht über die amerikanische Börse am Freitag. Ich lasse die wichtigsten Sätze folgen:

»Überraschungen lösen, ähnlich wie im normalen Leben, auch an der Börse unerwartete Höhen und Tiefen aus. So endete eine fast perfekte Börsenwoche in einem Scherbenhaufen, als das amerikanische Arbeitsministerium am Freitag bekanntgab, daß im Februar über 700.000 neue Arbeitsplätze geschaffen wurden. Mit einem solch starken Anstieg – es war das beste Monatsergebnis in 13 Jahren – hatte niemand gerechnet. Am Rentenmarkt führte diese an sich erfreuliche Wirtschaftsnachricht zu noch nie erlebten Panikverkäufen. Der Terminhandel in Chicago mußte erstmals seit seinem 20jährigen Bestehen bereits kurz nach seiner Eröffnung für den gesamten Tag eingestellt werden, da das erlaubte Verlustlimit von drei Punkten erreicht war. Die Rendite von Staatstiteln mit dreißigjähriger Laufzeit stieg um mehr als ein viertel Prozent, was im Rentenmarkt eine ganze Welt bedeutet.

Von diesem Panikszenario am Rentenmarkt wurde auch der Aktienmarkt mitgerissen. Gleich in den ersten Eröffnungsminuten stürzte der Dow-Jones-Index, der noch drei Tage zuvor sein siebzehntes Rekordhoch in diesem Jahr erreicht hatte, um fast 150 Punkte. Die anschließenden Erholungsversuche scheiterten am frühen Nachmittag, als der Rentenmarkt keinerlei Verbesserungen aufwies. Am Tagesende stieg das Minus auf 170 Punkte.«

Du wirst verwundert fragen: Warum dieser lange, völlig verrückt klingende Auszug aus einem Börsenbericht an dieser Stelle? Was hat die Panik in der Wallstreet oder Chicago mit unserem Thema hier zu tun? Ach, die Antwort auf diese so verrückt klingende Frage ist schrecklich: Alles hat dieser Börsenbericht damit zu tun. Er zeigt deutlicher als alles zuvor Gesagte den Verfall in Barbarei. Warum hat die für Dich und mich doch wunderbare Nachricht, daß so viele Arbeitslose Arbeit gefunden haben, zu einer Panik an der Börse geführt? Weil der wirklich erstaunliche Anstieg in der Beschäftigung andeutet, daß die Wirtschaftslage, die in den vorangehenden Wochen und Monaten allen Anlaß zur Sorge gegeben hat, doch nicht so schlimm sein kann, daß die Notenbank mit ihrer Zinssenkungspolitik weiter fortfahren wird. Das amerikanische Großkapital hatte fest damit gerechnet, daß es von der Federal Reserve Bank und entsprechend dann von den anderen Banken, immer billiger, zu immer niedrigerem Zinsfluß, Kredite erhält. Und diese Hoffnung hat das Glück für Hunderttausende, die Arbeit und normalen Verdienst gefunden haben, zunichte gemacht. 700.000 neu Beschäftigte, mit ihren Familienmitgliedern vielleicht 2 Millionen glückliche Menschen – und daraufhin Panik beim Großkapital, weil nun die Zinsen nicht sinken werden. Und genau die gleiche Reaktion beim deutschen Großkapital, so daß am Montag die Kurse an den deutschen Börsen absackten. Es genügt, Dir die Überschrift in der FAZ vom Dienstag für ihren Leitartikel auf der ersten Wirtschaftsseite zu geben. Sie lautet: »Unruhe an den internationalen Finanzmärkten. Der Deutsche Aktienindex verliert 2,5 Prozent«.

Ja, das Weltkapital hat auf das Glück von 2 Millionen amerikanischen Arbeitern und kleinen Angestellten wie auf eine Katastrophe reagiert.

Ja, und dann kam ich gestern endlich dazu, zwei in der Vorwoche gekommene Zeitschriften zu lesen. Die eine war »Weg und Ziel«, das theoretische Organ der österreichischen Kommunistischen Partei. Die Märznummer hat zum Inhalt »Armut im Überfluß«. Der Leitartikel hat den Titel »Ein Gespenst geht um ...nicht nur in Europa« – es ist das Gespenst der wachsenden Armut. Dort heißt es völlig richtig: »Alle, auch konservative Sozialwissenschaftler und Ökonomen, stellen einhellig fest, daß in den vergangenen Jahrzehnten, auch unter sozialdemokratischer Regierung, der Unterschied zwischen Arm und Reich größer geworden ist.«

Aber auch folgenden ahnungslosen Satz kann man in einem Artikel als Vorspann dort lesen: «Geht man heute durch das Zentrum einer Metropole, so trifft man Bettler, Straßenmusikanten, fliegende Händler – auch Taschendiebe und sich prostituierende Kinder und Halbwüchsige in solcher Zahl, daß man sich eher im mittelalterlichen Europa fühlt als im 20. Jahrhundert.« Einmal hat der Autor für die Gegenwart die Obdachlosen und Rauschgiftsüchtigen vergessen. Und dann der Vergleich mit dem Mittelalter, in dem doch die Armut in den »Metropolen« von damals natürlich relativ weit geringer war als heute, wenn man unter Armut Hunger, mangelhafte Kleidung und Obdachlosigkeit versteht. Die Bettler waren bekanntlich streng, gewerkschaftsartig organisiert und galten selbstverständlich nicht als Menschen dritter Klasse. Rauschgiftsüchtige und prostituierte Kinder gab es nicht. Überdies leben heute in den führenden Industrieländern Europas etwa ein Drittel der Einwohner in Städten mit 100.000 und mehr Einwohnern, im Mittelalter in den entsprechenden Städten noch nicht zehn Prozent. Auch waren die Armutsverhältnisse auf dem Lande im Mittelalter besser als in den Städten. Nein, die heutige Armut und Verkommenheit der Existenzen in den Großstädten ist weit schlimmer als im Mittelalter!

Ja, und dann las ich »Soz«, Nr. 5 vom 7. März, die von der »Vereinigung für Sozialistische Politik« herausgegeben wird. Sie hatte eine Extrabeilage, deren Hauptartikel auf der ersten Seite die wahrlich zutreffende Überschrift hat »Die Armut ist weiblich«. Und im Text heißt es:

»Die jüngsten zur Verfügung stehenden Einkommenszahlen aus dem Mikrozensus für 1993 weisen aus:

1993 hatten in Westdeutschland 54,3 Prozent aller erwerbstätigen Frauen – das sind über sechs Millionen (einschließlich der Selbständigen) – ein Gesamteinkommen aus allen möglichen Einkommensquellen von weniger als 1.800 DM; in Ostdeutschland erzielten 64,1 Prozent Frauen weniger als 1.800

DM (West-Männer: 13,5 Prozent).

Die als arbeitslos registrierten Frauen in Westdeutschland bezogen Ende Oktober 1993 im Durchschnitt 1.077 DM am Arbeitslosengeld und 865 DM an Arbeitslosenhilfe. Fast eine Viertelmillion westdeutscher arbeitsloser Frauen bezogen 1993 überhaupt keine Unterstützung.

Am größten ist die Armut im Alter. Eine Frau, die 45 Jahre lang in die Rentenversicherung eingezahlt hat, bekommt im Durchschnitt 796 DM Rente. Die durchschnittliche Eigenrente einer Arbeiterin betrug 1994 im Westen 611 DM, die einer Angestellten 1.005 DM. Die Renten im Osten sind aufgrund der langjährigen Vollzeitarbeit der Frauen geringfügig höher.«

Zuviel zitiert? Zuviel des Schreckens? Ja, insbesondere wenn Du bedenkst, daß es mehr Frauen als Männer in Deutschland gibt. Insbesondere, wenn Du daran denkst, daß die Frauen, die das »Glück« haben, bezahlte Tätigkeiten zu finden, auch zu Hause weit mehr arbeiten müssen als die Männer.

Und das Schlimmste, um endlich zum Schluß meiner Antwort auf Deine Frage zu kommen, ist, daß man sich in vergangenen Jahrhunderten weit mehr mit der Armut der Menschen beschäftigt hat als heute. Schrecklich, nicht wahr?

Deine Worte, Urgroßvater, verstehe ich auch als indirekte Kritik einer vereinfachten Darstellung der »Verelendungstheorie«. Dieser Irrglauben besagt: je ärmer, desto revolutionärer die Massen. Aber gerade die deutsche Geschichte hat uns ja eines Schlimmeren belehrt: Radikalisierung ist nicht gleich Revolutionierung, und sie kann nach links oder rechts gehen. Sicher, der Masse der Arbeitslosen geht es immer noch nicht existentiell »elend«, wie sie auch kaum politisches Gesamtinteresse aufbringt. Aber besteht nicht angesichts der wirtschaflichen Misere in der Welt des Kapitals, einschließlich Deutschland, die Gefahr eines politischen Rechtsrucks?

Ach, was für eine gute und entscheidend wichtige Frage! Warum wohl sahen Marx und Engels das Abgleiten der kapitalistischen Gesellschaft in Barbarei als eine mögliche Endentwicklung voraus? Doch deswegen, weil steigende Armut, steigendes Elend sowohl zu einer Revolution wie auch zum Versinken in Stumpfsinn und Idiotendasein führen kann. Und weiter: Sie kann, weil du so richtig bemerkst,auch zu Rechtsradikalismus, zur absoluten Despotie von Wenigen über das Volk und zu selbstmörderischen Volkstaten wie nach 1933 führen.

Darum sind echt und klug am Wohlsein der Leute interessierte politische Parteien und andere Organisationen so wichtig. Darum sind Frauen und Männer, die politisch klug und menschlich weise zum Volke sprechen können, von so großer Bedeutung.

Darum ist es von so entscheidender Bedeutung, den Geist der Menschen, ob Arbeiter oder Intellektueller, von jedem, dem das

Schicksal seines Volkes am Herzen liegen sollte, wach und aufmerksam und tatbereit zu halten.

Warum halte ich Perikles im antiken Griechenland (der allerdings den Sklaven gegenüber, die von auswärts kamen und in Athen »nicht zum Volk gehörten«, blind war) und Lenin für die größten Staatsmänner der Geschichte? Weil sie, die großen Demokraten, sich am energischsten und erfolgreichsten unter allen Staatsmännern um genau solch eine Entwicklung bemühten. Sie taten alles, um die »Demokratie Unten«, um die Initiative jedes Einzelnen wach und aufmerksam zu halten.

Was Du sagst, Urgroßvater, bestärkt mich in einer Fragestellung, die mich nun schon seit längerem beschäftigt:

Gehört denn die »soziale Marktwirtschaft« überhaupt zum Wesen des Kapitalismus? Oder ist sie eigentlich nur eine Erfindung aus Zeiten des Kalten Krieges, quasi geboren in der Systemauseinandersetzung mit dem Sozialismus in Europa? Wurde hier aus der Not eine Tugend gemacht?

M.E. sprechen für letzteres folgende Tatsachen: Zum einen ist der Weltkapitalismus mitnichten durch solche »sozialen Netze« wie in West- und Nordeuropa gekennzeichnet. Zum anderen gibt es mindestens seit sechs Jahren auf sozialpolitischem Gebiet ein roll back. (Die Einzelheiten lesen wir täglich in den Zeitungen.)

Warum? Weil die DDR nicht mehr als unsichtbarer dritter Verhandlungspartner bei den Tarifrunden mit am Tisch sitzt, weil auch die sozialpolitischen Errungenschaften der DDR keine Schaufensterwirkung auf den Westen mehr erzielen?

Kann sich das kapitalistische System also jetzt erst ungestraft leisten, davon abzurücken und damit zu seinem wirklichen Wesen zurückzukehren? Läßt man jetzt die Hosen herunter und zeigt sein wahres Gesicht?

Zum Teil hast du mit deiner Frage recht, zum Teil aber auch nicht. Besinnst Du Dich auf das, was ich über die fünf Phasen des Kapitalismus seit der Erfindung der Werkzeugmaschine sagte? In der ersten Zeit bis um die Mitte des vorigen Jahrhunderts eine erschreckende Verelendung der Arbeiter. Und dann kam die Wende, symbolisiert durch das Zehnstundenarbeitsgesetz in England im Jahre 1847. Marx und Engels hatten zuerst eine völlig falsche Haltung dazu, erkannten aber bald, welch große Bedeutung es für die Möglichkeiten der Gewinnung von Arbeitern, die nicht mehr völlig erschöpft von der Arbeit ins Bett fielen, die Zeit für Versammlungen und Zeitungslektüre sowie das Lesen von Broschüren, die Muße zum Nachdenken hatten, bot. Die Kapitalisten aber waren gezwungen, ein solches Gesetz einzuführen, weil die Arbeit immer komplizierter wurde, die Technik verlangte Arbeiter, die nicht stumpfsinnig, automatisch arbeiteten, sondern aufmerksam den Gang der Arbeit im Auge hatten. Vom Standpunkt des Kapitals erforderte der immer produktiver, aber auch komplizierter werdende Arbeitsprozeß immer wachsamere, also weniger übermüdete Arbeiter.

Und dieser Prozeß hat sich bis in die Gegenwart fortgesetzt. Er wurde aber auch von einem anderen Prozeß begleitet. Wenn die Arbeiter weniger Zeit für die Arbeit aufbringen müssen, haben sie auch mehr Zeit sich um ihre eigenen Interssen zu kümmern, vor allem durch Organisation in Gewerkschaften und Parteien.

So würde ich in groben Zügen die Entwicklung bis zum Ende des Zweiten Weltkrieges kennzeichnen. Dann kommt eine völlig neue Epoche der Entwicklung, die du mit gewissem Recht als »Systemauseinandersetzung mit dem Sozialismus« kennzeichnest – nur mit gewissem Recht,weil es ja in Osteuropa keine sozialistischen Gesellschaften gab, sondern nur solche mit gewissen sozialistischen Elementen. Die Jahre nach dem Zweiten Weltkrieg waren die Jahre wirklich ernsthaften Beginns einer »sozialen Marktwirtschaft«.

Diese begann jedoch im Laufe der achtziger Jahre, wohl in

der zweiten Hälfte, und erst recht in den neunziger Jahren sich wieder aufzulösen. Einmal natürlich, weil die »Konkurrenz« der realsozialistischen Länder aufhörte. Sodann aber auch, wohl schon ein paar Jahre früher, weil die Produktion die Tendenz entwickelte, weniger zu steigen als die Produktivität. Es wurden weniger Arbeiter gebraucht, um das laufende Mehr von Produktion zu liefern, oder wie Marx vorraussah, ein Teil der Bevölkerung wurde »überflüssig«, wurde zur permanenten oder sich mit anderen abwechselnden, ständig steigenden Arbeitslosigkeit verdammt. Mit ständig von Arbeitslosigkeit bedrohten Arbeitern, oder solchen, bei denen sich Beschäftigung und Arbeitslosigkeit gewissermaßen abwechselten, die keinen relativ ständigen Arbeitsplatz halten, konnte man wesentlich »weniger sozial« umgehen als in der vorangehenden Zeit.

Das heißt, vor 1847 hat der Kapitalismus ohne auch nur einen Hauch von »sozialer Marktwirtschaft« funktioniert. Aber heute geht das nicht mehr. Mit der Auflösung der »sozialen Marktwirtschaft« löst sich auch der Kapitalismus in Barbarei auf.

Urgroßvater, auch wenn sie scheinbar unseriös klingt, gestatte folgende Zwischenfrage: Vor einigen Jahren hatte der Rocksänger Rio Reiser – übrigens PDS-Mitglied – großen Erfolg mit seinem Song »Wenn ich König von Deutschland wär«. Was würdest Du heute als erstes tun, wenn Du deutscher Bundeskanzler wärst, oder sagen wir zumindest Wirtschafts- oder Finanzminister?

Was für eine schöne und so einfach zu beantwortende Frage! Gibt es doch heute zwei entscheidende Probleme für unser Volk: Arbeitslosigkeit von amtlich (!) über 4 Millionen Menschen und Obdachlosigkeit von etwa 1 Million Menschen. Und gibt es doch ein Gebiet von riesigen Ausgaben, das zum Nutzen der Menschen in aller Welt ganz stark eingeschränkt werden kann: das Militär einschließlich der so wenig arbeitsintensiven Rüstungsindustrie. Dazu kommen gerechte Steuern auf Einkommen und Vermögen von Millionären und Milliardären.

Man stelle sich vor: Seit mehr als einem Jahrfünft erleben wir jedes Jahr neue Höhepunkte der Arbeitslosigkeit und Obdachlosigkeit, und die Regierung einer Partei, die den Namen Christi führt, hat in dieser ganzen Zeit nicht ein einziges Programm zur Beseitigung von Arbeitslosigkeit und Obdachlosigkeit dem Parlament zur Beschlußfassung vorgelegt!

Auch das gehört zur Barbarei unserer Zeit.

Urgroßvater, wer ist denn nun Schuld am Ende der DDR und der Niederlage des »real-existierenden Sozialismus«: Honecker, Mittag, Mielke, Gorbatschow oder der Kapitalismus mit Kohl und Reagan? Oder warst Du mit vielen anderen – die eben nur mehr als ihre Pflicht getan haben – maßgeblich daran beteiligt, daß er nicht schon viel früher gescheitert ist?

Die Deutsche Demokratische Republik und die anderen »Realsozialistischen Länder« sind nicht an einzelnen Personen, sondern an ihrem gesellschaftlichen System gescheitert, das Stalin und seine Gefolgsleute seit den dreißiger Jahren unter Verletzung aller Prinzipien, die unter Lenin galten, aufgebaut hatten.

Oft wird behauptet, die DDR sei an ihrem »maroden Wirtschaftssystem« gescheitert. Das ist falsch. Selbstverständlich war das Wirtschaftssystem der DDR am Ende, also etwa seit 1985, dem der BRD um etwa 40 Prozent seiner Wirksamkeit unterlegen. Die DDR-Wirtschaft hatte etwa das Niveau der BRD-Wirtschaft Ende der sechziger Jahre. Man hatte die Lehre Lenins, »vom Kapitalismus zu lernen«, vergessen – voller Überheblichkeit!

Aber die Wirtschaft der DDR war an Effizienz der aller anderen »Realsozialistischen Länder« überlegen. Ich will Dir zwei Geschichten erzählen, die Dir den Zustand der Wirtschaft der DDR aufzeigen.

Im Jahre 1985 besuchte uns eine japanische Handelsdelegation. Sie besichtigte unsere Betriebe – natürlich zeigten wir auch unseren ganzen Stolz, das Robotron-Kombinat für die Produktion elektronischer Geräte. Auch besuchten sie unsere Kulturstätten, unter ihnen das Pergamon-Museum. Am Ende ihres Aufenthaltes gab es eine Schlußdiskussion, und die Delegation wurde gefragt, was ihren Mitgliedern am besten bei uns gefallen hätte. Da sagte der Delegationsleiter: »Ach wissen Sie, am besten haben uns Ihre Museen gefallen – Pergamon, Robotron.«

Drei Jahre später trafen sich wie üblich eine Handelsdelegation der DDR und der Sowjetunion, um den Außenhandel beider Länder im nächsten Jahr, 1989, zu besprechen. Es gab einen heftigen Streit zwischen beiden Delegationen, da die Sowjetdelegation 80 Prozent der Produktion von Robotron kaufen wollte, wir aber nur 60 Prozent abgeben wollten.

Nein, unsere Wirtschaft war die bestfunktionierende im »Realsozialistischen Lager«, mit Ausnahme der sowjetischen Rüstungsindustrie, einschließlich der Luftfahrt. Als Stalin und Shdanow die Kybernetik, die der hervorragende amerikanische Mathematiker Norbert Wiener begründete, als eine »imperialistische Pseudolehre«. verdammten, erklärten die führenden russischen Militärs: Das ist uns dreckegal, wir brauchen sie für uns. Und sie setzten sich für Militär und Rüstung durch. Sie blieben bei der Lehre Lenins, vom Kapitalismus zu lernen, und darum hatte die sowjetische Rüstungsindustrie Weltniveau – als einziger Wirtschaftszweig im »Realsozialistischen Lager«.

Also die Wirtschaft war es nicht, die zum Zusammenbruch der DDR führte. Es war das gesellschaftliche System. Der feudale Absolutismus, der absolute Mangel an Basisdemokratie, der den Untergang herbeiführte. Und dieses System funktionierte sagenhaft. Man bedenke: Meine letzte Parteistrafe erhielt ich im Jahre 1987, direkt ausgesprochen vom Sekretariat des Zentralkomitees. Ursache: Ein Interview, das ich im Mai der westdeutschen linken Zeitschrift »Konkret« gegeben hatte, in dem ich unter anderem sagte:

»Konkret: Gorbatschow hat gesagt: ›Wir brauchen die Demokratie wie die Luft zum Atmen.‹ Was für eine Demokratie ist da gemeint?

Kuczynski: Das Entscheidende an dem Begriff Demokratie, wie Gorbatschow ihn gebraucht, ist die Mittätigkeit der Menschen unten an der Entwicklung. Also im Bezirk Weißensee wird an irgendeiner Ecke ein Bäckerladen geschlossen, weil ein Mensch im Magistrat das Gefühl hat, es gebe genug Bäckerläden. Demokratisch wäre es, wenn er – wozu haben wir Abgeordnete? – die Abgeordneten auffordern würde, mit der Bevölkerung zu sprechen, ob die auch findet, daß es zu viele Bäckerläden gibt. In den Betrieben, nicht in allen, aber doch in vielen, müßte die Initiative der Arbeiter für Veränderungen von Verhältnissen geweckt werden, die sie bei der Arbeit stören. Man muß sich überhaupt viel mehr darum kümmern, was die Arbeiter verlangen – im Betrieb, im Verkehrswesen, bei der Ernährung und so weiter. Lenin war beglückt über Unzufriedenheit der Menschen, weil Unzufriedenheit Initiativen auslöst. Das ist bei uns nicht mehr der Fall, da herrschen viel Lethargie und Passivität aufgrund schlechter Erfahrungen mit der Bürokratie. Die Bürokratie ist ganz schrecklich bei uns.

Konkret: Sie haben aber geschrieben, sie sei besser als die im Kapitalismus, denn die sozialistische Bürokratie richte sich gegen jeden.

Kuczynski: Richtig. Oder nehmen wir die schreckliche Einmütigkeit von Beschlüssen. Es gibt Beschlüsse zum Friedenskampf – die müssen einmütig sein. Aber alle operativen Diskussionen müssen doch, wenn eine Reihe intelligenter Menschen, ob im Betrieb oder im Zentralkomitee, beisammen sind, zu unterschiedlichen Auffassungen führen. Lenin hätte jede Versammlung auseinandergejagt, in der einmütige operative Beschlüsse gefaßt worden wären, weil er sich gesagt hätte, das sind offenbar alles Schafe und Dummköpfe. Denn wenn intelligente Menschen über den besten Weg diskutieren, muß es doch verschiedene Auffassungen geben. Deshalb haben wir ja in unserer Partei den Grundsatz, daß Beschlüsse mit Mehrheit gefaßt und einmütig durchgeführt werden ...

Konkret: Wohin wird das, was heute realer Sozialismus heißt, sich in den nächsten Jahren entwickeln?

Kuczynski: Das Entscheidende wird die Entwicklung in der Sowjetunion sein. Wenn die so läuft, wie Gorbatschow und das Politbüro das wollen, wird dies eine ganz große Wandlung in den sozialistischen Ländern herbeiführen. Ich war zum ersten Mal 1930 in der Sowjetunion. Das Wundervolle damals war der Schwung in der Bevölkerung. Dieser Schwung ist zu einem beachtlichen

Teil verlorengegangen. Ihn wiederzugewinnen, ist das Entscheidende an der Revolution, die Gorbatschow anstrebt.«

Ja, schon vor Gorbatschow, schon 1977 hatte ich in dieser Richtung, natürlich vorsichtiger, da es bei uns veröffentlicht werden sollte, in unserem »Dialog« damals gesagt:

S. 22: »Lenin hatte überhaupt eine überaus positive Haltung zur Kritik, zur öffentlichen Kritik. Dagegen meinen manche noch heute, daß öffentliche Kritik an diesem oder jenem uns in der Welt nur schaden, dem Feinde bei seiner Propaganda gegen uns nur nutzen könnte. Aber das ist eine rein defensive Linie, und wir sollten sie an ein Wort von Lenin erinnern, der sagte (Werke, Bd. 32, S. 500): ›Wir dürfen unsere Fehler nicht verheimlichen, weil der Feind das ausnutzen könnte. Wer das fürchtet, ist kein Revolutionär.‹«

S. 28: »Manche meinen, daß eine kritische Haltung zum realen Sozialismus falsch sei. Sie betreiben dauernd Schönfärberei oder richtiger: Apologetik des Sozialismus und glauben, deswegen gute Sozialisten zu sein.«

S. 39: »Die Presse vernachlässigt einen großen Teil ihrer erzieherischen Aufgabe dadurch, daß sie völlig ungenügend kritisiert.«

S. 108: »Parteibeschlüsse über wissenschaftliche Probleme schienen mir immer absurd.«

Ich kann mir kein Urteil über die Verhältnisse in anderen »Realsozialistischen Ländern« erlauben. Vielleicht spielten dort die wirtschaftlichen Verhältnisse eine entscheidende Rolle. In der DDR jedenfalls nicht, hier war es der feudale Absolutismus, die so völlig fehlende Basisdemokratie, die zum Untergang führte. Die wirtschaftlichen Verhältnisse der großen Masse der Bevölkerung in der DDR waren wirklich nicht schlecht. Natürlich war die Warenauswahl in den Läden der in den BRD-Läden weit unterlegen. Gelernte Arbeiter in der BRD, die Beschäftigung hatten, lebten ökonomisch besser als die große Masse der Bevölkerung, einschließlich der gelernten Arbeiter und eines beachtlichen Teils der Intelligenz, in der DDR.

Auf der anderen Seite aber gab es keine Arbeitslosigkeit, die wichtigsten Lebensmittel waren überaus billig, so daß kein Rentner auch nur einen Tag im Jahr zu hungern brauchte, wir hatten das beste System von Kinderhorten und Kindergärten in der ganzen Welt, so daß jede Frau, die auf Arbeit gehen wollte, das tun konnte, und keiner war durch die finanziellen Verhältnisse der Eltern am Studium behindert.

Aber all dies – ich nenne es Elemente des Sozialismus in der DDR-Gesellschaft – spielte am Ende nicht die entscheidende Rolle. Entscheidend war – und wie deutlich zeigten das die Demonstrationen in den beiden letzten Dritteln des Oktober 1989 – der feudale Absolutismus. Ich hatte ihn, wie Du siehst, durchaus erkannt, aber ich hatte seine Wirkung unterschätzt, unterschätzt angesichts der sozialistischen Elemente, die mir wichtiger erschienen.

Du fragst zum Schluß, ob ich mich schuldig daran fühle, daß die DDR nicht eher zusammengebrochen ist. Ganz und gar nicht. Wenn ich überhaupt ein Schuldgefühl in dieser Beziehung habe, dann doch nur in der Richtung, daß ich nicht genügend gegen den feudalen Absolutismus gekämpft habe. Du glaubst doch nicht etwa, daß ich die Situation in Ostdeutschland als Armenkolonie der alten BRD mit seiner riesigen Arbeitslosigkeit, seiner praktisch zerstörten Industrie, seiner verkümmerten Landwirtschaft, dem Elend seiner Intelligenz, für besser halte als den Zustand der DDR.

Man muß sehr genau unterscheiden zwischen Nostalgie nach DDR-Verhältnissen, von der ich wahrlich frei bin, und der Unfähigkeit, die schlimmen Verhältnisse in Ostdeutschland heute nicht zu erkennen und auch positive gesellschaftliche Verhältnisse in der alten DDR nicht anerkennen zu wollen. Beides ist grundfalsch. Und darum ist mein Urteil sowohl über die Verhältnisse in der DDR wie auch in Ostdeutschland überwiegend (!) negativ.

Du scheinst mich etwas falsch verstanden zu haben, Urgroßvater. Als ich nach Deiner Mitschuld und Mitverantwortung am Scheitern des Sozialismus in der DDR fragte, meinte ich das im Verhältnis von Aktivisten, Neuerern, Vorwärtsdrängern und produktiven Unruhestiftern zu den Passiven, Mitläufern, die kaum mehr als ihre Pflicht taten, die zwar meckerten, aber brav auf der 1.Mai-Demonstration mitlatschten, die heimlich nörgelten, aber fast alles hatten und nie öffentlich aufmuckten. Du und viele andere haben deren Manko selbstlos wieder wettgemacht. Hättest Du das nicht getan, wäre dann die DDR nicht schon viel früher zusammengebrochen?

Mein Guter, Deine Zusatzfrage rührt mich. Aber weißt Du, man muß unterscheiden zwischen menschlichem Versagen und historischem Versagen. Wenn Kant meint, der »gute Wille« sei entscheidend, so hat er vielleicht (?) recht, wenn wir den menschlichen Charakter beurteilen wollen. Aber der Mensch hat, meine ich, auch seinen historischen Charakter. Und da habe ich, haben so viele meiner Freunde versagt. Nicht Harich und Havemann, auch wohl nicht ich 1957/58, aber auch ich, wenn man die ganze Geschichte der DDR und meine Aktivität verfolgt. In der Geschichte zählt nicht der gute Wille, nicht das ehrliche Bemühen, sondern nur der Erfolg. Und da habe ich eben völlig versagt. Es kommt doch eben darauf an, die Welt zu verändern, nicht sie durch gutes Beispiel ein wenig erträglicher zu machen. Gutes Beispiel ist nützlich. Darum meine ich, daß ich kein nutzloses Leben geführt habe. Aber mehr auch nicht.

Urgroßvater, einige bezeichneten Dich zu DDR-Zeiten als einen »Unruhestifter«. Nun sehe ich Unruhe nicht von vornherein als etwas negatives an, sie kann vielmehr durchaus produktiv sein. Wann und wie hast Du in diesem Sinne als »Unruhestifter« gewirkt?

Mein Guter, entschuldige, wenn ich so lange mit meiner Antwort gezögert habe, aber bei meinem Nachdenken über Deine im Grunde nicht so schwer zu beantwortende Frage bin ich auf eine ganz erstaunliche Selbsterkenntnis gestoßen.

Doch zunächst als Antwort auf deine Frage: Ja, ich habe als »Unruhestifter« gewirkt. Dafür sprechen nicht nur die mir angedrohten oder durchgeführten Parteistrafen, oder die Tatsache, daß der Bezirksparteisekretär von Rostock, für dessen Bezirk ich einige Jahre lang Volkskammerabgeordneter war, die Weisung erteilt hatte, für Versammlungen mit Kuczynski nur kleine Säle zu nehmen, oder daß der Bezirksparteisekretär von Suhl überhaupt Versammlungen mit Kuczynski als Redner verbot. Dafür spricht auch die »ständig wachsame« Haltung einiger Politbüromitglieder, insbesondere von Kurt Hager, mir gegenüber.

Aber – und das ist mir durch Deine Frage klar geworden: Ich stiftete Unruhe vor allem oben an. Unten dagegen, das hatte ich bis heute nicht begriffen, wirkte ich eher als »Ruhestifter«. Inwiefern?

Du mußt Dir sagen, ich hatte oft im Jahr bis zu 80 Versammlungen Unten. Der Saal war zumeist überfüllt. Nicht wenige mußten stehen oder auf dem Fußboden sitzen. Und nach der Versammlung kamen stets Zuhörer auf mich zu, um mir für meine Ausführungen zu danken: ich hätte ihnen wieder Mut gegeben, sagten sie mir, manche schrieben mir auch so. Seit 1985 zum Beispiel sprach ich stets ganz offen und energisch auf der »Gorbatschow-Linie« für freie Meinungsäußerung in Wort und Schrift, ohne daß man sich oben traute, deswegen gegen mich vorzugehen – aus Furcht vor einer entsprechenden Reaktion meiner vielen Sowjetfreunde.

Wenn ich aber so vielen Mut zusprach, dann nahm ich ihnen doch ihre innere Unsicherheit, ihre Zweifel, ja Verzweifelung. Das heißt, ich wirkte auf sie ihnen Mut und Sicherheit, also innere Ruhe gebend. Dann wirkte ich als »Ruhestifter«, sie auch in ihrem Denken und Handeln sicherer machend. Nur wer mutig und ruhig an seine Sache herangeht, ist fähig, erfolgreich Taten zu begehen.

Und wenn ich mir überlege, auf wen ich als Unruhestifter und auf wen ich als Ruhestifter wirkte, dann war ich als Ruhestifter doch viel wichtiger, und meine Aktivität als Ruhestifter erscheint mir viel schöner als die als Unruhestifter.

Urgroßvater, manchmal scheint mir, als wären die vermeintlichen »Triebkräfte des Sozialismus«, die »Vorzüge und Errungenschaften« der DDR in Wirklichkeit irgendwann zu Hemmnissen der Entwicklung geworden – der sichere Kindergarten- und Arbeitsplatz, irgendwann die grotesk billige Neubauwohnung, die gestützte Schulspeisung, der Ehekredit, den man durch Kinder »abzahlen« konnte. DDR-Nostalgiker führen dies ja immer noch als die großen Errungenschaften auf, die die DDR lebenswert gemacht hätten.
Ich finde aber, daß sie manche Eigeninitiative, zahlreiche Leistungsmotivationen erstickt haben, nach der Devise: Vor dem Parteitag werden dem Volk ein paar Geschenke gemacht, und das Volk verharrt demütig in Dankbarkeit.
Wie siehst Du diese subventionierten Güter und die zweite Lohntüte? Haben die Deiner Meinung nach mehr genützt oder geschadet – denn daß sich die DDR eigentlich weder das Wohnungsbauprogramm noch die gestützten Brotpreise wirklich leisten konnte, steht ja heute außer Frage. Wäre es nicht leistungsanreizender und ökonomisch sinnvoller gewesen, alle Preise so zu bilden, wie es den Herstellungskosten entspricht? Was sagst Du als Ökonom dazu?

Nein. Mein Guter, da stimme ich überhaupt nicht mit Dir überein – und ich vermute, Du selbst auch nicht. Du willst wohl nur hören, wie ich auf die Argumente so mancher westdeutscher ehemaliger rabiater DDR-Hasser und heute Abbauer des Sozialsystems reagiere, die auch die (nicht allzuvielen) guten Seiten der DDR herabmachen wollen. Und es sind nicht nur

»DDR-Nostalgiker«, die solche Überlegungen wie die von Dir vorgebrachten ablehnen, sondern auch scharfe Kritiker der DDR wie ich.

Wenn Du meinst, daß die Eigeninitiative, die zweifellos in der DDR gehemmt war, durch diese Errungenschaften gebremst wurde, hast Du unrecht. Durch sie wurde etwas anderes, nämlich die Ellenbogengesellschaft, gehemmt. Die Eigeninitiative aber wurde durch den völligen Mangel an Basisdemokratie, an Meinungsfreiheit und den Überfluß von Bürokratie behindert.

Und was die festen so niedrigen Preise für lebenswichtige Güter betrifft, so waren sie ein Segen für die große Masse der Bevölkerung mit ihrem bescheidenen Einkommen und den bescheidenen Renten. Allerdings habe ich 1989 einen modifizierenden Vorschlag gemacht, der jedoch abgelehnt wurde. Er lautete: Die Billigwaren sollten nur an untere Einkommensschichten und Rentner gegen Lebensmittelkarten abgegeben werden. Wer ein höheres Einkommen hat, sollte höhere Preise zahlen. Man war aber der Ansicht, daß die Einführung von Lebensmittelkarten zu sehr an Notzeiten erinnere und darum nicht empfehlenswert sei.

Urgroßvater, wie so viele DDR-Bürger auch, hast Du von einem besseren Sozialismus geträumt und viel dafür getan. Du hast auch geglaubt, Gorbatschow könnte die Kraft der großen Reform des Sozialismus haben. Doch Gorbatschow wurde zum Totengräber des Sozialismus. Wäre es da – für einen alten Sozialisten wie Dich – nicht besser gewesen, Gorbatschow wäre nicht gekommen, und man hätte den mangelhaften Sozialismus behalten statt gar keinen?

Nein, unter keinen Umständen. Der sogenannte Reale Sozialismus war in gar mancher Beziehung besser als der gleichzeitige Kapitalismus, aber, insbesondere in der Sowjetunion, jedoch natürlich auch bei uns, in entscheidender Beziehung schlechter als der gleichzeitig existierende Kapitalismus. Ein Regime, das das Volk noch stärker entmündigt als es der gleichzeitige Kapitalismus tut, ein Regime, das die Führung vor jeder Kritik durch Terrorisierung der Kritisierenden schützt, ist zum historischen Untergang verurteilt. Das muß rückblickend auf unsere Verhältnisse der Zeit von 1946 bis 1989 unser Urteil sein – und erst recht in bezug auf die Sowjetverhältnisse unter Stalin und auch noch danach.

Heute ist die Situation eine andere. Wenn ich einen Vergleich zwischen der Sowjetunion und auch der hinter der Gorbatschow-Linie so elend hinterherhinkenden DDR in den Jahren 1985 bis 1989 und dem immer barbarischer werdenden Kapitalismus der Jahre 1991 bis 1995, insbesondere in Deutschland, ziehe, dann erscheint mit der »Reale Sozialismus« von damals ein weniger schlimmes Regime zu sein. Aber das ist natürlich ein völlig unhistorischer Vergleich.

Ich würde jedoch Gorbatschow nicht einen Totengräber des Sozialismus nennen. Erstens gab es keinen Sozialismus, den er totgraben konnte. Und zweitens erscheint mir die bessere Bezeichnung zu sein: Ein vergeblich und ohne genügendes Verständnis für die gesellschaftlichen Verhältnisse wirkender Reformer der Verhältnisse im »Realen Sozialismus« auf idealistischer Grundlage, ohne Ahnung, daß es auch darauf ankam, die wirtschaftliche Basis zu verändern.

Der wahre Totengräber, nicht des Sozialismus, aber der ersten Anfänge auf dem Wege zum Sozialismus war Stalin. Die Unterdrückung der unter Lenin sich entwickelnden Basisdemokratie, die Unterdrückung echten Meinungsstreits Unten und Oben, der unter Lenin so wundervoll entwickelt war und der die wirtschaftlichen Verhältnisse seit 1921 so großartig veränderte und der zu diesem Zweck angewandte Terror gegen einzelne Meinungsstreiter und gegen das Volk, das waren die wahren Ursachen für den Untergang des sogenannten Realen Sozialismus.

Ach, was gab es für einen wundervollen Meinungsstreit zwischen Lenin und Trotzki und Bucharin und Radek und Sinowjew und Rjasanow! Und wie habe ich noch 1930 ganz persönlich einen solchen Meinungsstreit erlebt. Ich hatte an einem Tag Rjasanow im Marx-Engels-Institut besucht und wohl am folgenden Tag Karl Radek. Als kleiner Funktionär der KPD befragte ich Radek ganz harmlos wegen einer Äußerung Rjasanows über bestimmte Verhältnisse in der Sowjetunion, und Radek fuhr, wie von einer Tarantel gestochen, auf und polemisierte auf das heftigste gegen die Äußerung Rjasanows, den

Lenin einst in einem hitzigen Meinungsstreit den klügsten Dummkopf, der ihm je begegnet war, nannte. Ebenso äußerte sich Bela Kun, der an einem Tag mein Betreuer war, eifrig gegen Radek. Heftig, hitzig, leidenschaftlich – aber niemals feindlich – befanden sich alle die großen Geister, die Lenin um sich gesammelt hatte, stets im Meinungsstreit.

Und all das wurde im Laufe der dreißiger Jahre von Stalin terroristisch unterbunden. Auch ich war natürlich in der Sowjetunion zeitweise in Ungnade, und 1950 versuchte Semjonow, der Sowjetchef in Deutschland, mit terroristischen Methoden gegen mich vorzugehen. Ich war damals Präsident der Freundschaftsgesellschaft mit der Sowjetunion. Als Beria im Auftrag Stalins 1948 in der SU eine neue Kampagne gegen die Juden begann, folgte ihm natürlich Semjonow in der DDR. Ich begriff nichts, als er mir durch einen seiner Untergebenen nahelegte, den Generalsekretär, meinen Freund Hans Mark, der 1917 am Sturm auf das Winterpalais teilgenommen hatte, der jüdischer Herkunft war, zu entlassen. Selbstverständlich tat ich das nicht. Also beschloß Semjonow und setzte das dann auch im Politbüro der SED, an dessen Sitzungen er stets teilnahm, durch, daß sowohl Hans Mark wie auch ich entlassen wurden. Soweit war es nur eine antisemitische Kampagne, deren Wirkungen Wilhelm Pieck und Walter Ulbricht, denen selbstverständlich jeder Antisemitismus fern lag, zu mildern suchten, indem sie mich zum Vizepräsidenten wählen ließen. Das aber paßte Semjonow nicht, und er wollte nach Sowjetbeispiel zum Terror greifen. Er ließ durch seine kleinen deutschen Leute, die er in der Gesellschaft untergebracht hatte, nach »kriminellen Akten von Kuczynski« suchen. Man fand folgendes: Die Gründung der Gesellschaft 1947 und ihre Statuten etc. waren ein Sowjetbefehl der Besatzungsmacht. In diesem Befehl stand auch, daß der Präsident eine monatliche Aufwandsentschädigung von 2.000 Mark erhalten sollte. Ich konnte mich gegen diesen mir peinlichen Befehl natürlich nicht durchsetzen. Also wurden mit monatlich 2.000 Mark ausgezahlt, die ich stets sofort zurückgab. Selbstverständlich gab es keinen Zweifel, daß die 2.000 Mark für einige Sekunden in meinem Besitz waren. Also ließ Semjonow bei mir anfragen, ob ich auf diese 2.000 Mark Einkommenssteuer gezahlt hätte, was ich verneinen mußte. Daraufhin verlangte Semjonow von Wilhelm Pieck und Walter Ulbricht, daß gegen mich ein Verfahren wegen Steuerhinterziehung eingeleitet würde. Da beide aber den Hintergrund dieses Verlangens – die antisemitische Kampagne von Beria – kannten, lehnten sie das Verlangen von Semjonow ab, und ich war gerettet. Du siehst aber, wie die terroristische Politik Stalins auch bei uns Verbreitung fand, wenn das auch in diesem Fall (Ausnahmefall?) nicht gelang.

Kürzlich sprach ich am Potsdamer Rundfunk über »meine Reaktion auf die Bekanntgabe der Verbrechen Stalins durch Chruschtschow«. Zuerst erinnerte ich an ein Erlebnis mit meinem Vater. Als in der zweiten Hälfte der dreißiger Jahre die Prozesse gegen führende Genossen in der UdSSR begannen, glaubte ich an ihre Berechtigung. Mein Vater war empört über sie und glaubte in keiner Weise daran, daß Bucharin und all die anderen »Landesverräter« oder »Verräter des Sozialismus« geworden seien. 1940 aber, als Flandin, Daladier und Pétain Frankreich an Hitlerdeutschland verrieten, sagte mir mein Vater: »Weißt Du, jetzt glaube ich auch an die Sowjetprozesse.« Du siehst, wie schwierig es damals war, die Dinge zu durchschauen. Am 14. Februar 1996 brachte das ND einen kurzen Bericht von Schirdewan über die Wirkung der Chruschtschow-Rede auf die deutsche Delegation zum 20. Parteitag der KPdSU. Er sagte, Grotewohl und er hätten keine Ahnung von dem Terror in der Sowjetunion gehabt – im Gegensatz zu Ulbricht und Neumann. Zwei Politbüromitglieder ahnungslos! Ich selbst und die überwältigende Anzahl der Parteimitglieder hörten aber nur vom offiziellen Teil der Rede Cruschtschows, der die Schauprozesse gegen führende Genossen betraf, nicht von der Geheimrede, in der von dem Massenterror gesprochen wurde. Wir blieben noch eine Reihe von Jahren ahnungslos. Und das, obgleich doch viele Genossen, die in der Sowjetunion während der Hitlerjahre im Exil gelebt hatten, zumindest eine Ahnung davon hatten. Aber obgleich ich mit einigen von ihnen wirklich gut stand, ja befreundet war, hat keiner von ihnen aus »Parteitreue« auch nur ein Wort darüber gesagt. Auch nicht mein ehemaliger Schwager Hamburger, der erste Mann meiner Schwester Ursula, der mach dem 20. Parteitag aus einem der fürchterlichen Zwangsarbeitslager in die DDR entlassen wurde, und mit dem ich bis zu seinem Tode gut stand. Du siehst, wie außerordentlich kompliziert die Situation war.

Vor meinem Interview mit dem Potsdamer Rundfunk machte ich folgende Notiz in mein Tagebuch: »Ich soll am Montag im Potsdamer Rundfunk über die Reaktion auf die Bekanntgabe der Verbrechen Stalins sprechen. Werde auch einen Vergleich mit Hitler machen. Natürlich hat Hitler mit dem Krieg und dem Terrorismus in Europa viel größeres Unglück für die Menschheit gebracht als Stalin. Was aber den Terrorismus gegen das eigene Volk und alte Kampfgefährten betrifft, hat Stalin weit mehr gewütet als Hitler. Umgekehrt hat Stalin auch mehr Nützliches für das eigenen Volk getan als Hitler. Die einzige wirklich bedeutsame nützliche Tat Hitlers war eine Nebenwirkung seiner verbrecherischen Kriegsrüstung: die Beseitigung der furchtbaren Arbeitslosigkeit vom Winter 1932/33 bis 1938/39, als Arbeitsmangel herrschte. Die Sowjetunion aber hat dank Stalin schließlich das Entscheidende zum Sieg über Hitler beigetragen.«

Aber bitte, das sind immer noch Überlegungen eines Anfängers der Verarbeitung dieser Vergangenheit. Eines Anfängers, der in der DDR gelebt hat und nur brockenweise die Wahrheit erfuhr. Eines Anfängers aus der DDR, in der der Terror harmlos im Vergleich zu dem in der Sowjetunion war. Eines Anfängers, dem das Leben in der DDR als Kommunist und Wissenschaftler wahrlich nicht leicht gemacht worden war, der aber nie ins Zuchthaus mußte oder ausgewiesen wurde.

Nein, mein Jahrhundert mit zwei Weltkriegen, mit dem Terror unter Hitler und Stalin, mit dem Vietnamkrieg der Vereinigten Staaten von Amerika, mit dem jahrzehntelangen Kalten Krieg unter Bedrohung der Völker mit der Atombombe, ist eines der schlimmsten in der Geschichte der Menschheit – und ich habe es nicht nur erlebt, sondern auch überlebt.

Zum Schluß Deiner Frage heißt es: »Wäre es da – für einen alten Sozialisten wie Dich – nicht besser gewesen, Gorbatschow wäre nicht gekommen, und man hätte den mangelhaften Sozialismus behalten statt gar keinen?«

Weißt Du, solch irreale Fragen sollte man nicht stellen – schon weil niemand weiß, wer gekommen wäre, wenn nicht Gorbatschow. Ich meine, man sollte auch nicht vom »mangelhaften Sozialismus« sprechen. Die sozialistischen Elemente, die es in der DDR gab, waren doch nicht mangelhaft, und von einer mangelhaft sozialistischen DDR darf man meiner Ansicht nach nicht sprechen, denn sie war weder gut noch mangelhaft sozialistisch. Wenn man überhaupt einen umfassenden Begriff für sie verwenden will, dann sollte man sie eine Mischgesellschaft absolutistischen Charakters nennen. Wahrlich eine groteske Mißbildung, die keine lange Lebensberechtigugn hatte – es sei denn, sie hätte sich selbst radikal reformiert. Dazu aber waren die fortschrittlichen Kräfte in ihr, zu denen ich auch mich zählen möchte, zu schwach; und auch sie begriffen nicht das Ausmaß der Verkommenheit dieser Gesellschaft.

Urgroßvater, in den vergangenen Jahren bist Du scharf mit Stalin ins Gericht gegangen, jedoch übst Du an Lenin keine Kritik. Sind aber die Wurzeln sozialistischer Fehlentwicklung nicht schon bei Lenin zu suchen?

Nein! Nein! Und noch einmal nein! Lenin ist für mich der größte Staatsmann nach Perikles im antiken Griechenland – und mit beiden mußte ich in der letzten Zeit Trauriges erleben.

Beide waren einzigartige Führer ihres Volkes – wobei das Volk Sowjetrußlands viele, viele Millionen Menschen umfaßte, das Volk Athens zur Zeit Perikles nur einige Hunderttausend zählte, wovon nur die Hälfte Bürger, der Rest Sklaven oder »Fremde«, das heißt, nicht Bürger waren.

Beide hatten ein einzigartiges Verhältnis zur Intelligenz. Du weißt, wie sich die Fürsten und Staatenlenker der Renaissance mit Intelligenz umgaben, auch so viele Herrscher der Antike, auch einige Herrscher der Zeit nach der Renaissance. Aber mit fast allen Intelligenzmitgliedern kam es zum Krach. Sie wurden vom »Hofe« vertrieben, vielfach in die Verbannung geschickt oder gar ins Gefängnis gesteckt und ermordet. Perikles aber und Lenin hielten fest zu ihren Freunden in der Intelligenz, ganz gleich, wieviele Dispute sie untereinander hatten. Und wenn, wie im Falle von Anaxagoras, dem großen Philosophen und Lehrer wie Freund von Perikles, das Volk gegen ihn als Gotteslästerer auftrat und seinen Tod verlangte, dann half er ihm, ins Exil zu gehen und unterstütze ihn dort. Ebenso half er dem größten Bildhauer der Antike, seinem Freund Phidias, soweit er konnte, als dieser der Unterschlagung von Gold angeklagt wurde.

Es gab nur noch einen ganz bedeutenden Herrscher, der es verstand, eine wunderbare Intelligenz um sich zu sammeln und zu ihr zu halten, den Herzog Karl August von Weimar.

Ja, Lenin verstieß einmal gegen alle Gesetze der Revolution, als er den Menschewiken Martow, der gegen die Partei der Bolschewiki und die Diktatur des Proletariats ankämpfte, einen prachtvollen Menschen und schlechten Politiker, am Tag vor seiner bevorstehenden Verhaftung warnte, und es ihm so ermöglichte, das Land zu verlassen und nach Deutschland auszuwandern.

Der große griechische Historiker Thukydides entwirft ein glanzvolles Heldenbild von Perikles. Mit Recht nimmt der wunderbare Darsteller der griechischen Kultur André Bonnard dieses Bild nicht einfach hin, sondern versucht ein reales Porträt des Perikles zu geben. Aber wie sieht sein reales Bild aus? Zitieren wie aus dem ersten Band seines Werkes »Die Kultur der Griechen« einige Stellen über Perikles (S. 233 ff.):

»Perikles war, seiner geistigen Veranlagungen nach, ein ausgesprochener Verstandesmensch, was nicht besagt, daß er nicht ein lebhaftes Empfindungsvermögen, heftig und zart zugleich, besessen, daß er nicht Gefühle, die man ihrer Art nach als religiös bezeichnen kann, mit seiner Liebe zu Athen verbunden hätte. Diese religiöse Achtung, diese Liebe zu seinem Land ließen es nicht zu, daß ein Vernunftglaube sich, wie es häufig geschieht, in einem alltäglichen Individualismus verströmte ...

Aus den Unterweisungen des Anaxagoras schöpfte Perikles seine wissenschaftliche Bildung, die so umfassend war, wie es die Zeit erlaubte; er erfuhr durch sie eine Bestätigung seines vernunftgemäßen Denkens und fand in ihnen die Grundregeln und das Vorbild für die Verwaltung der Stadt ...

Die Religiosität des Perikles schließt in der gleichen Erhebung der Seele sowohl die Verehrung der ältesten göttlichen Mächte, die einst allein die Taten und Handlungen der Menschen beherrschten, in sich ein als auch die Hochschätzung der Taten der Menschen selbst, in denen sie hinfort verkörpert erscheinen, der Menschen, die im Rahmen der Stadt um ihren Wohlstand, ihren Fortschritt, die gesellschaftliche Gerechtigkeit und den Ruhm kämpfen, mitgerissen von der jäh wachsenden Kraft der Gemeinschaft der Bürger ...

Um Athen – selbstverständlich das Athen der Bürger – in seiner Gesamtheit demokratisch werden zu lassen, muß er den Kreis der zur Besetzung hoher Ämter würdig Befundenen, der bis dahin auf die zwei wohlhabenden Klassen beschränkt blieb, erweitern. Andererseits weiß er, daß die Teilnahme der Ärmsten an der Verwaltung nur theoretisch möglich ist, sofern die Bürger, die sich zur Übernahme der ihnen anvertrauten Ämter bereit erklären, nicht besoldet zu werden, sofern sie nicht, ohne sich um ihren Verdienstausfall sorgen zu müssen, die freie Zeit aufbringen können, Archonten zu sein oder ihren Sitz in der Heliaia zu haben. Perikles öffnete nun das Feld des Archontats den Bürgern der dritten Klasse (den Kleinbürgern und Handwerkern mit bescheidenem Einkommen), die vierte und letzte Klasse der Arbeiter und Handlanger bleibt ausgeschlossen.«

Die Arbeiter und Handlanger bleiben ausgeschlossen – genau wie in der von Robespierre, dem radikalen Führer der Großen französischen Revolution, entworfenen Verfassung Frankreichs.

Jedoch noch einen Schlußsatz aus der Darstellung von Bonnard (S. 236): »Alle wichtigen Entscheidungen werden von der

Volksversammlung aller Bürger getroffen. In ihr fehlen öfter die Bauern, die sich ungern zu ihrem Besuch auf den Weg begeben, als die Arbeiter in der Stadt und die Seeleute in Piräus. Dieses arbeitende Volk der Stadt bildet die Mehrheit; man braucht es nicht zu bezahlen, damit es teilnehme an dem begeisternden Schauspiel: dem Wettkampf der Beredsamkeit.«

Und meine Enttäuschung? Seit meine Rente durch die »Einigung Deutschlands« gekürzt ist, kaufe ich keine neuen Bücher mehr, nur noch im Antiquariat verbilligte. Mit einer Ausnahme: Kürzlich las ich die Anzeige eines Buches, »Wolfgang Will, Perikles«, ein Porträt. Ein schändliches Machwerk, das Perikles als bedeutungslosen Kümmerling darstellt. Eine Schande deutscher Porträt-Literatur!

Doch nun zu Lenin, der seit 1990 von so vielen als Vorgänger Stalins, als Initiator seiner verbrecherischen Politik, als »erster Terrorist« in der Reihenfolge der Spitzenpolitiker der Sowjetunion dargestellt, also verleumdet wird.

Ich habe schon im Vorangehenden einiges von ihm erzählt, das dieses völlig verdrehte Bild von ihm widerlegt. Wenn du Lenin betrachtest, dann mußt Du bei dem Staatsmann zwei Perioden unterscheiden: Die Zeit des Krieges gegen die Konterrevolution im Lande und die Interventionskriege der Westmächte und die nachfolgende Friedenszeit. Sie unterscheiden sich wie ein Schlachtplan und ein Wirtschaftsplan. Einen Schlachtplan kannst Du im Kriege nicht der Beratung eines Parlaments oder »demokratisch« den Soldaten, die nach ihm kämpfen sollen, zur Diskussion und Beschlußfassung unterbreiten. Ein Wirtschaftsplan, der in Friedenszeiten nicht der Diskussion aller an seiner Verwirklichung Beteiligten, den Arbeitern, den Angestellten, dem Parlament unterbreitet wird, ist eine

Schande, die jedem Geist echter Demokratie widerspricht. Auch mußt Du verstehen, daß jedes Verbrechen, das von einer Seite im Krieg begangen wird, auf der Gegenseite Verbrechen provoziert. Als der große Humanist und Schriftsteller und politisch so aktive Maxim Gorki, der oft mit Lenin zusammentraf und dabei mit ihm zusammenstieß, Lenin den »Roten Terror«, die Terrorakte, die von Bolschewiken, von der roten Armee begangen wurden, vorwarf, seufzte Lenin nur und antwortete: Ja, das ist die Antwort Unten auf den Terror der Weißen, der Konterrevolution – und zum Teil auch der Interventionsmächte. Gorki zitiert ihn zu diesem Problem: »Oft hatte ich Gelegenheit, mit Lenin über die Grausamkeiten der revolutionären Taktik und der neuen Zustände zu sprechen. ›Was wollen sie?‹ fragte er mich erstaunt und zornig. ›Ist Menschlichkeit denn möglich in einem so unerhört wütenden Kampf? Ist Weichherzigkeit und Großmut bei uns am Platze? Europa blockiert uns, die von uns erwartete Hilfe des europäischen Proletariats bleibt aus, von allen Seiten drängt wie ein Bär die Gegenrevolution gegen uns an. Und wir? Wir sollen nicht kämpfen, dürfen uns nicht zur Wehr setzen? Nun, nein, entschuldigen Sie – wir sind nicht ganz dumm! Wir wissen: das, was wir wollen, kann niemand tun außer uns. Halten sie es etwa für möglich, daß ich hier sitzen würde, wenn ich vom Gegenteil überzeugt wäre.‹

›Mit welchem Maß wollen Sie bei einer Prügelei die Zahl der nötigen und der überflüssigen Hiebe messen?‹ fragte er mich einmal nach einem hitzigen Streit. Auf diese einfache Frage konnte ich nur eine lyrische Antwort geben. Ich glaube, es gibt auch keine andere Antwort.«

Besinnst Du Dich, soeben habe ich Bonnard über Perikles

zitiert, daß er ein »ausgesprochener Verstandesmensch« war, der aber zugleich »ein lebhaftes Empfindungsvermögen, heftig und zart zugleich, besessen« hat. Das Gleiche gilt für Lenin. Gorki hat 1924, nach dessen Tod, einen wundervollen Nachruf auf Lenin, der so oft sein Gegner war, mit dem er so oft im Streit lag, geschrieben. (Übrigens wurde dieser Nachruf in der späteren Stalinzeit in der SU verboten, und als er 1947 »versehentlich« in der Sowjetzone gedruckt worden war, sofort wieder eingezogen.) In diesem Nachruf erzählt Gorki die folgende Geschichte:

»Eines Abends hörte Lenin in Moskau bei Jekaterina Pawlowna Peschkowa Beethovensche Sonaten in der Wiedergabe von Issai Dobrowen und machte die Bemerkung: ›Ich kenne nichts Schöneres als die Appassionata und könnte sie jeden Tag hören. Eine wunderbare, nicht mehr menschliche Musik! Ich denke immer, mit vielleicht naivem, kindlichen Stolz: daß Menschen solche Wunder schaffen können!‹

Dann kniff er die Augen zu, lächelte und setzte unfroh hinzu:

›Aber allzuoft kann ich Musik doch nicht hören. Sie wirkt auf die Nerven, man möchte liebe Dummheiten reden und Menschen den Kopf streicheln – die Hand wird einem sonst abgebissen. Schlagen muß man auf die Köpfe, unbarmherzig schlagen – obwohl wir im Ideal gegen jede Vergewaltigung der Menschen sind. Hm, hm – unser Amt ist höllisch schwer.‹«

Ich sagte Dir, daß Gorki alles andere als ein ständiger Freund und Verehrer von Lenin war, auch bemerkte ich, daß Lenin ein anderer war und sein mußte in den Jahren 1917 bis 1921 und 1921 bis zu seinem Tode. Darum verwundert es auch nicht, daß Gorki in seinem Nachruf bemerkt: »In den Jahren 1917 bis 1921 waren meine Beziehungen zu Lenin bei weitem nicht so, wie ich gewünscht hätte. Aber sie konnten nicht anders sein. Er war Politiker. Er besaß in größter Vollkommenheit die künstlich erworbene, aber scharf eingestellte Zielbewußtheit des Blickes, die unerläßlich ist für den Steuermann eines so riesengroßen, plumpen Schiffes, wie es das bleischwere bäuerliche Rußland ist.

Ich habe eine geradezu organische Abneigung gegen Politik und bin ein sehr fragwürdiger Marxist. Denn ich glaube nicht recht an die Vernunft der Massen im allgemeinen und an die Vernunft der bäuerlichen Massen im besonderen.«

Lenin glaubte nicht nur an die Vernunft der Arbeiter, sondern auch an die der Bauern. Dieser Glaube an die Vernunft der Bauern wird so deutlich an einer Unterhaltung zwischen Gorki und Lenin über Tolstoi, der ja in seinen Anschauungen wahrlich dem Marxismus und den Bolschewiki fernstand, aber ein einzigartiger Künstler und Freund des Volkes war, den Lenin geradezu hemmungslos verehrte. Gorki berichtet über diese Unterhaltung so:

»Da sitzt er in seinem Arbeitszimmer am Tisch, hastig schreibend, und spricht, ohne die Feder vom Papier zu nehmen: ›Guten Tag. Wie geht's? Ich bin gleich fertig ... Da ist ein Genosse in der Provinz in trüber Stimmung – anscheinend müde. Muß ihn aufrichten! Stimmung ist eine wichtige Sache.‹

Auf dem Tisch liegt ein Band von ›Krieg und Frieden‹. ›Ja, Tolstoi. Ich wollte gern mal wieder die Beschreibung der Jagd lesen: da fiel mir ein, daß ich an den Genossen schreiben muß. Zum Lesen finde ich gar keine Zeit mehr. Erst heute nacht habe ich Ihre Schrift über Tolstoi gelesen.‹

Lächelnd, die Augen zugekniffen, dehnte er sich behaglich in seinem Sessel und fuhr rasch mit gedämpfter Stimme fort: ›Das ist ein Koloß, ah? Was für ein Riese von Mensch! Sehen Sie, Verehrtester, das ist ein Künstler ... Und wissen Sie, was noch erstaunlicher ist an ihm? Seine Bauernstimme, sein Bauerndenken! Ein echter Bauer steckt in ihm. Vor diesem Grafen hat es keinen echten Bauern in der Literatur gegeben!‹

Dann schaute er mich mit seinen asiatischen Äuglein an und fragte: ›Wen in Europa könnte man neben ihn stellen?‹ Und antwortete sich selbst: ›Niemanden.‹ Dann rieb er sich die Hände, lachte behaglich und blinzelte wie ein Kater im Sonnenlicht.«

Zuviel zitiert? Verzeih mir, mein Guter. Aber es geht um Lenin, und ich möchte, daß Du über ihn nicht von mir, der ihn nicht persönlich gekannt hat, nicht von einem der üblichen Lobredner, sondern einem kritischen, oft sehr kritischen Freunde hörst.

Und glaube nicht, daß ich Lenin gegenüber blind bin. Wenn Du mich fragst, was ich von Lenin als Wissenschaftler halte, dann würde ich sagen first rate first class, aber kein Genie wie Marx oder Engels. Ich sehe seine einzigartige Größe in seiner Eigenschaft als Staatsmann, als Parteiführer. Denkst du an ihn als Parteiführer und an die Verleumdungen heute, auch von seiten ehrlicher Marxisten, daß er ein Vorgänger, ein Vorbereiter Stalins gewesen sei, dann erinnere dich, was ich Dir bei unserem »Dialog« vor 20 Jahren erzählt habe.

Nein, ich will die Geschichte hier wiederholen. Damals wollte Kurt Hager die Geschichte streichen, aber ich habe auf sie bestanden und sie auch nicht in einer Silbe verändert. Ich erfuhr sie von Vargas Frau, mit der ich auch nach seinem Tode noch zusammentraf. Du weißt bestimmt, wie schrecklich sich gegen Ende der dreißiger Jahre die Partei in der Sowjetunion in mancher Beziehung veränderte. Alte Genossen, die unter der

Führung von Lenin Großartiges geleistet hatten, klagte man furchtbarster Verbrechen an. Die Genossin Varga war mit der Genossin Krupskaja, der Frau von Lenin, befreundet und besuchte sie, die bereits Schwerkranke, wenige Wochen vor deren Tod. Beide wußten wohl, daß sie sich zum letzten Mal sahen, beide sprachen viel über alte Zeiten, schließlich auch über die Gegenwart. »Wie hat sich die Partei Lenins verändert!« meinte die Krupskaja. »Und dann«, fuhr Genossin Varga in ihrem Bericht fort, »haben wir beide geweint, haben uns umarmt und sind für immer voneinandergegangen.« Als sie mir das erzählte, kamen ihr, die nun schon rund sechzig Jahre in der Arbeiterbewegung stand, wieder die Tränen. Ich erzähle Dir diese Geschichte, die Dir niemand anders erzählen kann, damit Du ein wenig siehst, wie die Frau von Lenin und die von Varga schon früh erkannten, welches Unglück Stalin über die Partei brachte.

Kann ich Dir einen menschlicheren Beweis gegen die gegenwärtige Verleumdungen meines »Helden der Politik«, Lenin, bieten?!

Und zum Abschluß will ich dir noch eine letzte Geschichte über Lenin erzählen, die mir seine Sekretärin Elena Stassowa berichtet hat. Seinen letzten Artikel stellte er am 2. März 1923 fertig. Er hat den echt Leninschen Titel »Lieber weniger, aber besser«. Am 10. März erkrankte er so stark, daß er keine Artikel mehr schreiben konnte. Wohl diktierte er noch Notizen und Briefe, wohl verfolgte er noch die Entwicklung des Landes und die Politik der Partei. Aber mehr konnte er nicht tun. Oft war er lethargisch, bisweilen schäumte er vor Wut über. Einmal in diesem Zustand meinte er, man solle ein paar Leute aus einer bestimmten Gruppe als Lehre für die anderen erschießen. Was war das für eine Gruppe? Es waren die Bürokraten in Partei und Staat, Feinde der Freiheit des Einzelnen, Feinde der Initiative Unten, die ein bequemes Leben der Verwaltung haben wollen. Schön und tragisch, und doch so kennzeichnend dieser letzte gesellschaftlich bestimmte Wutanfall Lenins – meinst Du nicht auch?

Ja, Marx und Engels sind für mich wissenschaftliche Genies, Marx natürlich das größere. Aber unter die modernen politischen Genies reihe ich auch, und gerade, und mehr als irgendeinen anderen, Lenin ein.

Urgroßvater, mich beschäftigt sehr Deine Einschätzung von Lenin und Stalin, die ich in bezug auf Lenin eigentlich gar nicht teile. So sehr Du Lenin lobst, so sehr verdammst Du Stalin. Was ich aber bis heute nicht weiß, ist: Warum konnte im Umfeld des so klugen Lenin ein solcher Verbrecher wie Stalin politisch heranwachsen? Hat nicht Stalin einfach die Methoden von Lenin nur ein bißchen vrschärft, ein bißchen radikalisiert – und den von Lenin erfundenen Gulag nur ein bißchen mehr auf »Volksfeind« getrimmt – wie eben die bürgerliche Geschichtsschreibung zum Teil Lenin als den Erfinder des modernen Konzentrationslagers beschreibt und Stalin mithin als seinen genuinen Nachfolger?

Oder, wenn das nicht stimmt, wie konnte dann der kluge Kopf Lenin so blind sein und nicht sehen, was Stalin für einer war – denn Charaktere ändern sich ja nicht plötzlich und nur, weil sie Macht haben. Oder doch?

Du siehst, ich bin in dieser Frage ganz und gar ratlos und lasse mir von Dir gern den Kopf zurechtrücken.

Deine Auffassung wird von vielen geteilt – leider. Und sie können dabei scheinbar auch auf manche Äußerungen und Maßnahmen von Lenin und zur Zeit Lenins hinweisen – bis 1921, bis an das Ende der Kriegszeit. Aber ich bitte Dich: Kriegszeit und Kriegsrecht haben sich seit Jahrtausenden von Friedenszeiten und Friedensrecht unterschieden. Die Verhältnisse unter Lenin waren grundverschieden bis 1921 und ab 1921. Die Entwicklung von Demokratie Unten und Initiative Unten in

Sowjetrußland ab 1921, mit dem Abflauen von Bürgerkrieg und Interventionskrieg, waren großartig.

Und was das Verhältnis Lenin – Stalin betrifft, war es niemals besonders gut, auch wenn Stalin natürlich zu dieser Zeit nur erste Anzeichen seines späteren Charakters zeigte und praktizieren konnte. Darum protestierte Lenin ja auch gegen die Idee, daß Stalin Generalsekretär der Partei werden sollte.

Urgroßvater, eine meiner vorangegangenen Fragen ist ja – marxistisch gesehen – ganz und gar idealistisch. Sie läßt glauben, Männer machen Geschichte. Du hast aber immer gesagt, Klassen machen Geschichte. Wäre der Sozialismus auch zusammengebrochen, wenn Gorbatschow nicht gekommen wäre, nur eben später oder früher? War es also die historische Mission des Sozialismus, wieder zu verschwinden? Marx deutete das ja an, nur meinte er, danach käme der Kommunismus?

Mein Guter! Nein, auch diese Frage war vom Standpunkt eines Marxisten voll berechtigt. Natürlich bin ich nicht der Meinung »Männer machen Geschichte«. Aber ich leugne doch deshalb nicht, daß »auch Männer Geschichte machen«. In meinem Buch »Ein Leben in der Wissenschaft der DDR« habe ich einen Anhang gebracht und dort auch zwei große Politiker, Disraeli und Bismarck, abgehandelt. Dort zitiere ich über die großen »Reaktionäre«, beginnend mit Äschylos, dem genialen griechischen Dramatiker, Engels und Lenin über Bismarck.

Über Bismarck seien hier nur einige Zeilen aus der Schrift von Engels »Die Rolle der Gewalt in der Geschichte«, die er noch zu Zeiten der Kanzlerschaft Bismarcks im Winter 1887/88 verfaßte, ausgeführt (MEW, Bd. 21, S. 432f.): »A la guerre comme à la guerre. Der Ausdruck beweist bloß, daß Bismarck den deutschen Bürgerkrieg 1866 für das erkannte, was er war, nämlich eine Revolution, und daß er bereit war, diese Revolution durchzusetzen mit revolutionären Mitteln. Und das tat er. Sein Verfahren gegenüber dem Bundestag war revolutionär. Statt sich der verfassungsmäßigen Entscheidung der Bundesbehörden zu unterwerfen, warf er ihnen Bundesbruch vor – eine reine Ausrede –, sprengte den Bund, proklamierte eine neue Verfassung mit einem durch das revolutionäre allgemeine Stimmrecht gewählten Reichstag und verjagte schließlich den Bundestag aus Frankfurt ... Kurz, es war eine vollständige Revolution, mit revolutionären Mitteln durchgeführt. Wir sind natürlich die letzten, ihm daraus einen Vorwurf zu machen. Was wir ihm vorwerfen, ist im Gegenteil, daß er nicht revolutionär genug, daß er nur preußischer Revolutionär von oben war, daß er eine ganze Revolution anfing, daß er einmal auf der Bahn der Annexionen, mir vier lumpigen Kleinstaaten zufrieden war.«

Und was befähigte, ganz persönlich, Bismarck zu dieser Leistung? Auch dazu äußert sich Engels in der gleichen Schrift (S. 428): Bismarck »hat seine Willenskraft nie im Stich gelassen; viel eher schlug sie in offene Brutalität um. Und hierin vor allem liegt das Geheimnis seiner Erfolge. Sämtlichen in Deutschland herrschenden Klassen, Junkern wie Bourgeois, ist der letzte Rest von Energie so sehr abhanden gekommen, es ist im ›gebildeten‹ Deutschland so sehr Sitte geworden, keinen Willen zu haben, daß der einzige Mann unter ihnen, der wirklich noch einen Willen hat, eben dadurch zu ihrem größten Mann und zum Tyrannen über sie alle geworden ist, vor dem sie wider beßres Wissen und Gewissen, wie sie selbst es nennen, bereitwillig ›über den Stock springen‹.« Wie genau hat Engels nicht nur die Taten Bismarcks, sondern auch den Täter Bismarck studiert!

Und Lenin bemerkt über Bismarck etwa in »Über den Nationalstolz der Großrussen«: »Bismarck hat auf seine Art, auf Junkerart, ein historisch fortschrittliches Werk vollbracht.« (W.I.Lenin, Werke, Bd. 21, S. 94). Oder wenn es in »Bourgeoisie und Reformertum« heißt: »Bismarck konnte Reformen nur deshalb erfolgreich durchführen, weil er über den Rahmen des Reformertums hinausging, er vollzog bekanntlich eine Reihe von ›Revolutionen von oben‹.« Und wie sahen die aus? Lenin fährt fort: »Er raubte einem der reichsten Länder der Welt fünf Milliarden Francs, er konnte dem durch den Goldstrom und die unerhörten militärischen Erfolge berauschten Volk das allgemeine Wahlrecht und eine wirkliche Gesetzlichkeit geben.« (Ebendort, Bd. 18, S. 529)

Noch erstaunlicher hinsichtlich der Rolle großer Persönlichkeiten in der Geschichte sind die Äußerungen Lenins über den Tilsiter Frieden von 1807, den Preußen mit Napoleon schließen mußte. Oft hat Lenin über diesen Friedensschluß anläßlich des schlimmen Friedensschlusses zwischen Sowjetrußland und Deutschland im Jahre 1918 gesprochen und geschrieben, um den Menschen im Lande Mut für die Zukunft zu machen. Hier seien nur zwei Zitate wiedergegeben. Das erste zeigt den nicht zu besiegenden Mut »großer Männer« (Werke, Bd. 27, S. 58): »Preußen und eine Reihe anderer Länder hatten zu Beginn des 19. Jahrhunderts, zur Zeit der Napoleonischen Kriege, unvergleichlich, unermeßlich größere Bürden und Lasten der Niederlage, der Eroberung, der Erniedrigung, der Unterdrückung durch den Eroberer zu erdulden als Rußland 1918. Und dennoch sind die besten Männer Preußens, als sie von Napoleon hundertmal stärker unter den Militärstiefel getreten wurden, als man uns jetzt treten konnte, nicht verzweifelt und haben nicht von ›rein formaler‹ Bedeutung ihrer nationalen politischen Einrichtungen gesprochen. Sie zuckten nicht mit den Achseln, überließen sich nicht dem Gefühl, ›sowieso unterzugehen‹. Sie unterzeichneten unermeßlich viel schwerere, bestialischere, schändlichere, drückendere Friedensverträge, als es der Brester ist, sie verstanden dann abzuwarten, ertrugen standhaft das Joch des Eroberers, führten abermals Krieg, gerieten abermals unter das Joch des Eroberers, unterzeichneten abermals schmachvolle und immer schmachvollere Friedensverträge, erhoben sich wieder und befreiten sich zu guter Letzt (nicht ohne die Zwistigkeiten zwischen den stärkeren Eroberern, die miteinander konkurrierten, ausgenutzt zu haben).«

Das zweite ist noch erstaunlicher und zeigt, wie »große Männer«, auch von den Massen im Stich gelassen, wirken können (ebendort, S. 149f.): »Der Tilsiter Frieden war die größte Erniedrigung Deutschlands und gleichzeitig eine Wendung zu einem gewaltigen nationalen Aufschwung. Damals bot die historische Situation diesem Aufschwung keinen anderen Ausweg als den zum bürgerlichen Staat. Damals, vor mehr als hundert Jahren, machten ein paar Handvoll Adlige und ein paar Häuflein bürgerliche Intellektuelle Geschichte, während die Massen der Arbeiter und Bauern schlummerten und schliefen. Damals konnte die Geschichte deshalb nur entsetzlich langsam vorankriechen.«

Heldentaten wurden von »großen Männern« vollbracht, »während die Massen der Arbeiter und Bauern schlummerten und schliefen«! So schrieb der Marxist Lenin!

Und wir wissen andererseits wahrlich auch aus der neuesten Geschichte, daß große Verbrecher wie Hitler oder Stalin furchtbares Unglück in der Weltgeschichte anrichten können.

Und wenn es keine »großen Männer« gibt, wie etwa in der Politik des 20. Jahrhunderts nach Lenins Tod? Oder zumindest seit den dreißiger Jahren und keine großen Verbrecher wie in der zweiten Hälfte des Jahrhunderts? Auch dann können Män-

ner der zweiten Klasse an der Spitze – »first rate second class« nannte sie mein Vater – in verantwortlichen Funktionen oder anderswie durch ihr Werk hervorragend eine beachtliche positive oder negative Rolle spielen.
Doch nun zurück zum Hauptinhalt Deiner Frage. Ich würde Gorbatschow zur »zweiten Klasse« rechnen, ihn aber auch nur als second rate bezeichnen. Ich meine, der »Reale Sozialismus« hätte nur durch eine radikale Reform, so wie die Menschen sie in der DDR im Oktober 1989 forderten, gerettet werden können – aber in einer Welt, in der der Kapitalismus, insbesondere in der BRD, noch so stark war?. Ich glaube, es ist vielleicht eine Illusion, daß das westdeutsche Kapital eine friedliche radikale Reform in der DDR zugelassen hätte. Wer weiß, ob nicht westdeutsche Truppen in die DDR einmarschiert wären? Und ob sich daraus nicht ein Dritter Weltkrieg entwickelt hätte? Eine schlimme Spekulation, die ich hier betreibe. Und man sollte in dieser Frage wohl nicht spekulieren.

Aber auch folgende Spekulation ist erlaubt: Wir hatten zweifellos first rate second class Männer und Frauen, die eine Wendung herbeiführen konnten, nicht gleich zum Sozialismus, aber zu Wegen zu ihm. Und sie hätten vielleicht auch ohne feindliches Eingreifen von Außen eine Wendung herbeiführen können. Eine Wendung zum Weg eines wirklichen Sozialismus, als kluge Schüler Lenins.

Ein wahrer Sozialismus aber hatte niemals »die Mission«, sich in elenden Kapitalismus aufzulösen. Jedoch hat es bisher noch nirgends einen wahren Sozialismus gegeben. Sowjetrußland unter Lenin war auf dem Wege zu ihm, aber, wie auch Lenin betont hat, erst auf dem Wege, noch nicht angekommen. Was für ein großartiger Realist war er doch!

Natürlich hast Du recht, daß Marx und Engels den Sozialismus nicht als Endstadium der Entwicklung sahen. Das war für sie der »vollendete Kommunismus«, über dessen ganz grobe Umrisse sich Marx ja in seiner erst viele Jahre nach seinem Tode veröffentlichten Schrift »Grundrisse der Kritik der Politischen Ökonomie«, die er 1857/58 schrieb, geäußert hat.

Doch selbst wenn der Weg zum Sozialismus noch im ersten Viertel des nächsten Jahrhunderts freigemacht wird, kann es noch Jahrhunderte dauern, bis die Menschheit das Stadium des vollendeten Kommunismus erreicht hat, denn dieser erfordert ja nicht nur neue wirtschaftliche, neue gesellschaftliche Verhältnisse, sondern auch auf Grund dieser neuen Verhältnisse, durch diese neuen Verhältnisse geformte neue Menschen. Menschen, an denen, um es christlich auszudrücken, Gott nur Wohlgefallen gehabt hätte, Menschen »ohne Sünde« – »ohne Sünde« nicht, weil sie so gut sind, sondern weil die gesellschaftlichen Verhältnisse so gut sind, daß die Menschen nicht den mindesten Anreiz zur Sünde haben.

Ist es nicht auch so gewesen, Urgroßvater, daß die Führungen der Länder des »Realsozialismus« die Ideen von Marx, Engels und Lenin nicht nur dogmatisiert, sondern auch für ihre beschränkten pragmatisch-politischen Ziele mißbraucht haben? So sprachen Marx und Engels von der »Diktatur des Proletariats« als einer Übergangsperiode, aber in der SU, der DDR und anderswo wurde damit die »Verschärfung des Klassenkampfes im eigenen Land« sowie der Überwachungs- und Unterdrückungsapparat »begründet«.

Andererseits scheint mir, daß kaum jemand tiefer darüber nachdachte, was Marx z.B. im »18.Brumaire...« schrieb, daß nämlich die proletarischen Revolutionen des 19. Jahrhunderts beständig sich selbst kritisieren. Sie »unterbrechen sich fortwährend in ihrem eigenen Lauf, sie kommen auf das scheinbar Vollbrachte zurück, um es wieder von neuem anzufangen, verhöhnen grausam-gründlich die Halbheiten, Schwächen und Erbärmlichkeiten ihrer ersten Versuche, scheinen ihren Gegner nur niederzuwerfen, damit er neue Kräfte aus der Erde sauge und sich riesenhaft ihnen gegenüber wieder aufrichte, schrecken stets von neuem zurück vor der unbestimmten Ungeheuerlichkeit ihrer eigenen Zwecke, bis die Situation geschaffen ist, die jede Umkehr unmöglich macht ... «

Urgroßvater, kannst Du Dir eine bessere Beschreibung heutiger Zustände vorstellen?

Ach, mein Guter, Du weißt gar nicht, wie großartig Deine Frage ist. Auch bedarf sie ja gar keiner Antwort, denn sie beantwortet sich selbst in so großartiger Weise.

Aber Urgroßvater, es hat doch schon einen »wahren Sozialismus« gegeben, nämlich eine ideologische Richtung, die Marx und Engels im Kommunistischen Manifest so sehr kritisiert haben. Meinst du nicht, daß sie auch sehr energisch gegen Deine Vorstellungen vom Kommunismus protestiert hätten? Sie hielten ja den Kommunismus gar nicht für ein Ziel, sondern für eine wirkliche Bewegung; bei Dir dagegen scheint er bloßes Ideal zu sein, das schon irgendwann – aber wie? – erreicht werden wird.

Nein, mein Guter, Du hast völlig unrecht. Das, was Marx und Engels im Kommunistischen Manifest bekämpften, ist nicht der wahre Sozialismus, sondern der »deutsche oder ›wahre‹ Sozialismus«, eine kleinbürgerliche Ideologie, die nichts mit dem Sozialismus, für den die Arbeiter damals in Frankreich kämpften und für den auch Marx und Engels in Deutschland kämpften, zu tun hatte. Auch hast du völlig unrecht, daß sie den Kommunismus nicht für ein Ziel, sondern nur für eine Bewegung hielten. Das war die politische Linie von Eduard Bernstein, einem ihrer ganz persönlichen Schüler, aber nicht ihre Linie.

Natürlich waren Marx und Engels dagegen, zu spekulieren, wie die Welt einmal im einzelnen aussehen würde, wenn der Sozialismus bzw. der Kommunismus einmal voll und ganz gesiegt hätte. Sie waren keine unsinnigen Träumer, die sich einbildeten, die Welt in einigen hundert Jahren Zukunft zu erkennen. Sie bildeten sich nicht ein, Propheten zu sein. Und erst recht hatten sie nicht die Frechheit, den Menschen gar vorschreiben zu wollen, wie die Welt »am Ende der Wünsche der Menschheit« aussehen solle. Sie kannten auch die Weltgeschichte der letzten 2.500 Jahre zu gut, um nicht zu wissen, was für überraschende Entwicklungen sie oft gebracht hat. Sie waren daher sehr, sehr vorsichtig und zurückhaltend in dem, was sie über die ferne Zukunft konkret aussagten.

Am weitesten in dieser Richtung geht wohl Marx in seiner Schrift »Grundrisse der Kritik der Politischen Ökonomie«, die er gegen Ende der fünfziger Jahre verfaßte, und die erst 70 Jahre nach seinem Tode in Deutschland veröffentlicht wurde.

Ich beginne mit einem längerem Zitat über die Vorstellung, was Arbeit in der Vergangenheit bedeutete, und in der Gegenwart noch im allgemeinen bedeutet (S. 504 f. – ich zitiere nach meiner, mit ach so vielen Strichen und Bemerkungen versehenen, Ausgabe von 1953):

»Du sollst arbeiten im Schweiß deines Angesichts! war Jehovas Fluch, den er Adam mitgab. Und so als Fluch nimmt A. Smith die Arbeit. Die ›Ruhe‹ erscheint als der adäquate Zustand, als identisch mit ›Freiheit‹ und ›Glück‹. Daß das Individuum ›in seinem normalen Zustand von Gesundheit, Kraft, Tätigkeit, Geschicklichkeit, Gewandheit‹ auch das Bedürfnis einer normalen Portion von Arbeit hat, und von Aufhebung der Ruhe, scheint A. Smith ganz fernzuliegen ... Daß aber diese Überwindung von Hindernissen an sich Betätigung der Freiheit ... also als Selbstverwirklichung, Vergegenständlichung des Subjektes, daher reale Freiheit, deren Aktion eben die Arbeit, ahnt, A. Smith ebensowenig. Allerdings hat er recht, daß in den historischen Formen der Arbeit als Sklaven-, Fronde-, Lohnarbeit die Arbeit stets repulsiv, stets als äußre Zwangsarbeit erscheint und ihr gegenüber die Nichtarbeit als ›Freiheit und Glück‹... wirklich freie Arbeiten, z.B. Komponieren ist grade zugleich verdammtester Ernst, intensivste Anstrengung.«

Arbeit soll also kein Fluch sein, wie sie es, seit es Sklaven gibt, bis in die Gegenwart ist. Arbeit soll dem Arbeiter oder richtiger, dem Arbeitenden Freiheit und Selbstverwirklichung bringen. Und das ist kein neuer Gedanke von Marx. Dazu zitiert er ausdrücklich später einen anderen Autor (ebendort, S. 594):

»Wahrhaft reich eine Nation, wenn statt 12 Stunden 6 gearbeitet werden. Wealth ist nicht Kommando von Surplusarbeit« (realer Reichtum), »sondern disposable time außer der in der unmittelbaren Produktion gebrauchten für jedes Individuum und die ganze Gesellschaft«.

Und woher hat Marx das Zitat? Die Schrift heißt »The Source and Remedy of the National Difficulties, deduced from Principles of Political Economy in a Letter to Lord John Russel«, London 1821, S.6. Die kleine Schrift war zur Zeit, als Marx sie las, längst vergessen, und auch als sie erschien, erregte sie kein großes Aufsehen, zumal ihr Autor unbekannt blieb. Aber Marx las eben alles, was die damals größte Bibliothek der Welt, das British Museum, an Literatur zur Politischen Ökonomie zu bieten hatte.

Und wie oft fand er in solch vergessenen Schriften großartige Gedanken! So auch hier. Freizeit außerhalb der zum Leben notwendigen Arbeitszeit ist der wahre Reichtum, und zwar Reichtum für jeden einzelnen Menschen und die ganze Gesellschaft.

Doch nun zu einer Äußerung von Marx, die auf der vorangehenden aufbaut (S. 599): »Die Ersparung von Arbeitszeit gleich Vermehren der freien Zeit, d. h. Zeit für die volle Entwicklung des Individuums, die selbst wieder als die größte Produktivkraft zurückwirkt auf die Produktivkraft der Arbeit.«

Und nun noch weiter gedacht. Die Menschen entwickeln immer neue Mittel, um die Arbeit produktiver zu gestalten. Das hat zur Folge (S. 592): »In dem Maße aber, wie die große Industrie sich entwickelt, wird die Schöpfung des wirklichen Reichtums abhängig weniger von der Arbeitszeit und dem Quantum angewandter Arbeit, als von der Macht der Agentien, die während der Arbeitszeit in Bewegung gesetzt werden und die selbst wieder – deren powerful effectiveness – selbst wieder in keinem Verhältnis steht zur unmittelbaren Arbeitszeit, die ihre Produktion kostet, sondern vielmehr abhängt vom allgemeinen Stand der Wissenschaft und dem Fortschritt der Technologie, oder der Anwendung dieser Wissenschaft auf die Produktion.«

Der Abschluß dieser Entwicklung ist die »automatische Fabrik«. Dann geschieht folgendes (S. 592f.): »Die Arbeit erscheint nicht mehr so sehr als in den Produktionsprozess eingeschlossen, als sich der Mensch vielmehr als Wächter und Regulator zum Produktionsprozeß selbst verhält ... Er tritt neben den Produktionsprozeß, statt sein Hauptagent zu sein.«

Ja, im Computerzeitalter wird der Mensch, nachdem er fleißig etwa an einem wissenschaftlichen Werk oder an einem Bild gearbeitet hat, sich auf das Sofa legen und seine Pflicht als Wächter oder Regulator erfüllen. Aber das natürlich nur ein, zwei Jahre seines Lebens, mehr sind nicht nötig, dann treten andere an ihre oder seine Stelle.

Schon im Sozialismus, dem Vorstadium des Kommunismus, wird der Mensch zum freien Arbeiter, denn arbeiten wird er immer, das ist seine entscheidende Eigenschaft. Im Anti-Dühring schildert Engels diesen Prozeß so (MEW, Bd. 20, S. 264): »Mit der Besitzergreifung der Produktionsmittel durch die Gesellschaft ist die Warenproduktion beseitigt und damit die Herrschaft des Produktes über den Produzenten. Die Anarchie innerhalb der gesellschaftlichen Produktion wird ersetzt durch planmäßige bewußte Organisation. Der Kampf ums Einzeldasein hört auf. Damit erst scheidet der Mensch, in gewissem Sinn, endgültig aus dem Tierreich, tritt aus tierischen Daseinsbedingungen in wirklich menschliche. Der Umkreis der die Menschen umgebenden Lebensbedingungen, der die Menschen bis jetzt beherrschte, tritt jetzt unter die Herrschaft und Kontrolle der Menschen, die nun zum ersten Male bewußte, wirkliche Herren der Natur, weil und indem sie Herren ihrer eigenen Vergesellschaftung werden. Die Gesetze ihres eigenen gesellschaftlichen Tuns, die ihnen bisher als fremde, sie beherrschende Naturgesetze gegenüberstanden, werden dann von den Menschen mit voller Sachkenntnis angewandt und damit beherrscht. Die eigne Vergesellschaftung der Menschen, die ihnen bisher als von Natur und Geschichte oktroyiert gegenüberstand, wird jetzt ihre eigne freie Tat. Die objektiven, fremden Mächte, die bisher die Geschichte beherrschten, treten unter die Kontrolle der Menschen selbst. Erst von da an werden die Menschen ihre Geschichte mit vollem Bewußtsein selbst machen, erst von da an werden die von ihnen in Bewegung gesetzten gesellschaftlichen Ursachen vorwiegend und in stets steigendem Maße auch die von ihnen gewollten Wirkungen haben. Es ist der Sprung der Menschheit aus dem Reiche der Notwendigkeit in das Reich der Freiheit.«

Und noch ein letztes Zitat, einige Zeilen vor dem vorangehenden: »Die Möglichkeit, vermittelst der gesellschaftlichen Produktion allen Gesellschaftsmitgliedern eine Existenz zu sichern, die nicht nur materiell vollkommen ausreichend ist und von Tag zu Tag reicher wird, sondern die ihnen auch die vollständige freie Ausbildung und Betätigung ihrer körperlichen und geistigen Anlagen garantiert, diese Möglichkeit ist jetzt zum erstenmal da, aber sie ist da.«

Von da führt ein direkter Weg zum oben geschilderten Kommunismus, in den die Menschen ein, zwei Jahre für die lebensnotwendigen Dinge nicht etwa arbeiten, wohl aber aufpassen müssen, daß die automatische Produktion funktioniert. Danach können sie nach Herzenslust im wahrsten Sinne des Wortes arbeiten. Es wird nur noch »Hobby-Arbeit« geben, und die Menschen werden im Laufe ihres Lebens sicherlich mehrere Berufe ergreifen, einige vielleicht gleichzeitig ausüben. Alle ihre Qualifikationen sind gefordert, von ihnen selbst und von der Gesellschaft.

Das ist die Gesellschaft des vollendeten Kommunismus. Vielleicht dauert es hundert, vielleicht fünfhundert Jahre, bis er auf Erden herrscht. Aber die Menschen werden ihn erleben, weil sie die Vorbedingungen und die Bedingung für ihn schaffen werden. Daran glaube ich fest und freue mich schon heute für meine Nachkommen in ferner Zukunft.

Also ist für Dich, Urgroßvater, auch mit dem Ende der DDR und des »Realsozialismus« in Osteuropa keine Welt zusammengebrochen, keine Vision und Utopie gestorben?

Aber doch, mein Guter. Bildete ich mir doch ein, daß wir trotz aller Fehler, die ich sah, auf dem Weg zur Vollendung einer wahrlich sozialistischen Gesellschaft waren. Diese Welt, diese Illusion war mit dem Ende der DDR für mich zusammengebrochen. Jedoch bedeutete das Ende der sogenannten realsozialistischen Staaten, das Ende meine Illusion betreffend die DDR nicht das Ende meines Kampfes für eine sozialistische Welt. Im Gegenteil, ich glaube, daß ich aufgrund der Erfahrungen seit 1989 ein besserer Kämpfer für den Sozialismus geworden bin.

Urgroßvater, wie schätzt Du die Führung der SED in den Jahren 1945 bis 1989 ein? Wie Wilhelm Pieck und Walter Ulbricht, Otto Grotewohl, Erich Honecker und Kurt Hager, die Du ja alle näher gekannt hast?

Ich möchte zunächst Wilhelm Pieck aus dieser Gruppe herausnehmen. Er gehört einer anderen Generation als all die anderen an. Er war schon vor 1914 ein nicht ganz unbedeutender Funktionär in der Sozialdemokratischen Partei und zählte zu ihrem linken Flügel. Er kam aus der Arbeiterklasse, aber war ein gebildeter Mensch, der 1907/08 Rosa Luxemburgs und Franz Mehrings Vorlesungen an der obersten Parteischule gehört hatte. Er war als wahrlich gebildeter Mann zeitweise in rein politischen Funktionen, zeitweise in »intellektuellen« Funktionen, etwa 1910 und danach als Sekretär der Zentralen Parteischule in Berlin und als Zweiter Sekretär des Zentralen Bildungsausschusses der Partei tätig. Natürlich war er während des Krieges in der Spartakusbewegung aktiv.

Ich habe ihn vor 1933 nur ganz flüchtig 1930 auf einer Reise mit deutschen Parteijournalisten durch die Sowjetunion als unseren Leiter kennengelernt, ohne daß wir uns – so ganz im Gegensatz zur Zeit 1945 bis zu seinem Tod – irgendwie näherkamen und erst im August 1945 wiedergesehen. Nach meiner endgültigen Rückkehr aus dem englischen Exil im November 1945 habe ich ihn persönlich kennengelernt, und es war stets eine wahre Freude, mit ihm zu sprechen, bisweilen auch zu plaudern. Er war ein kluger, ja, als ich ihn wirklich kennenlernte, ein weiser, geistig und allgemein menschlich »gebildeter Sohn der Arbeiterklasse«.

Nichts lag ihm ferner als Dogmatismus und Terrorismus, was nicht ausschloß, daß er viele Fehler und Verbrechen unter Stalin miterleben mußte, wenn er nicht ganz aufgeben wollte. Aber er hat mich vor schlimmster Verfolgung gerettet und hat vor allem gar nicht selten gegen die Verfolgung von Genossen, gerade auch der Intelligenz, sowohl in der Sowjetunion wie in der DDR eingegriffen. Nicht wenige, darunter auch ich, haben ihm viel zu verdanken. Natürlich war er kein großer Sozialist, kein großer Politiker, kein großer Mensch. Aber er war ein first rate second class und voll menschlicher Gefühle.

Zum Abschluß über Wilhelm noch etwas zu seiner Beziehung zur sowjetischen Besatzungsmacht. In dieser gab es zwei Strömungen: an der Spitze der einen, der streng stalinistischen, stand Semjonow, an der Spitze der anderen, mein Freund bis zu seinem Tode, Sergej Tjulpanow. Wenn Walter Ulbricht die Lektüre von Becher und Bredel empfahl, so Wilhelm Pieck und die Tjulpanow unterstehenden sowjetischen Kulturoffiziere die Lektüre von Goethe und Heine. Wilhelm und Sergej standen gut miteinander.

Nein, vielleicht doch noch ein Erlebnis mit Wilhelm, das einer etwas längeren Einleitung bedarf:

Eines Abends, wohl im Mai 1933, kam Gerhard Degenhard, mit dem ich zusammen in der Bank Bett, Simon & Co. angestellt gewesen war, zu mir nach Hause und brachte mir einen Stoß Manuskriptblätter. Er sei bei dem Chauffeur von Simon gewesen und hätte ihn dabei angetroffen, wie er einen ganzen Haufen Papiere verbrannte. Der Chauffeur hätte erzählt, die Papiere von Simon zur sorgfältigen Aufbewahrung erhalten zu haben, sich aber angesichts der politischen Situation nicht getraut, sie länger bei sich aufzuheben.

Man kann sich meine Bewegung über das gerettete und meinen Schmerz über das verbrannte »Papier« vorstellen, als ich bemerkte, daß ich Rosa Luxemburgs Manuskript ihrer »Einführung in die Nationalökonomie« und zahlreiche Notizzettel dazu und wohl auch zu anderen Arbeiten in der Hand hielt. Offenbar hatte Paul Frölich, ein Bankkunde von Bett, Simon & Co., der einen Teil des Nachlasses von Rosa besaß, Simon Anfang 1933 die Papiere zur Aufbewahrung gegeben.

Als ich 1936 nach England emigrierte, übergab ich den Sowjetfreunden in der Berliner Botschaft ein kleines Päckchen, das sie mir auf diplomatischem Wege nach London schicken sollten: Es enthielt die Manuskriptseiten Rosas, Briefe von Clara Zetkin sowie die vom Urgroßvater überkommene Zweitausgabe des »Kommunistischen Manifestes«.

Nach 1945 gab ich Wilhelm Pieck zur fünfundsiebzigsten Wiederkehr seines Geburtstages das Manuskript von Rosa, worauf er mir schrieb:

»28.12.50

Lieber Jürgen!

Du hast mir in der Tat mit der Übersendung des Manuskripts von der Rosa eine außerordentlich große Freude bereitet. Es ist wohl das schönste Geburtsgeschenk, das Du mir machen konntest. Ich werde es hoch in Ehren halten.

Ich danke Dir auch für die mir von dir und Deiner Frau übermittelten Neujahrswünsche, die ich ebenso herzlich erwidere.

Mit besten Grüßen

W. Pieck«

Bevor ich über Walter Ulbricht, Erich Honecker und manch andere Politbüromitglieder spreche, eine Notiz in meinem Tagebuch vom 2. Januar 1996, anläßlich des Todes von Heiner Müller:

»2.1.1996

Heiner Müller ist gestorben. Ich mochte ihn gern. Er war ein humaner Zyniker und zu mir sehr freundlich.

Seine klügste politische Äußerung betraf die DDR: ›Die DDR-Staats- und Parteiführung waren Handwerker, deutsche Kleinbürger, das hatte nichts mit Proletariern zu tun, und wenn deutsche Kleinbürger einen Staat in die Hand kriegen, dann entsteht so etwas.‹«

Ach wie oft habe ich selbst über die Kriminalität in Wandlitz ähnlich gesprochen und geschrieben – etwa bemerkt, daß die, wie man mir sagte, gegen Devisen aus Westdeutschland beschafften Fertighäuser dort von keinem Prokuristen eines kapitalistischen Großbetriebes bewohnt worden wären. Kleinbürgerliche, kleinkapitalistische Kriminalität! Das gleiche gilt natürlich für die Beschaffung von westlichen Lebensmitteln und westlicher Kleidung. Was für eine kleinkarierte Kriminalität in den höchsten Parteikreisen. Aber wie angegossen paßt sie zu den kleinbürgerlichen Gedanken und Urteilen der gleichen Leute über Wissenschaft, Schöne Literatur, Kunst! Oder über deutsche Vergangenheit!

Und nun zu Walter Ulbricht. Zunächst ein Bericht über ein Erlebnis mit ihm im Jahre 1935, als ich für 14 Tage illegal in Moskau war. Mein Freund, der bedeutendste kommunistische

Wirtschaftswissenschaftler unseres Jahrhunderts, Eugen Varga, hatte mich gebeten zu kommen und bei ihm zu wohnen. Es war etwas kompliziert gewesen, illegal aus Deutschland, wo ich in der Zentrale der Partei arbeitete, in die SU zu fahren und entsprechend auch zurückzukommen.

Wenige Tage nach meiner Ankunft hielt ich im Institut für Weltwirtschaft, das Varga leitete, einen Vortrag über die Lage in Deutschland. Nach kurzem schon merkte ich, daß ich nicht »ankam«, obgleich mich die Genossen herzlich begrüßt hatten und mein guter Freund Genosse Erich Kunik den Vorsitz führte. Nach zwanzig Minuten unterbrach man mich heftig und scharf: Ich hatte gesagt, daß das Sinken der Zahl der Arbeitslosen auch einen Einfluß auf die Ideologie der Arbeiterklasse hätte, daß mehr und mehr Arbeiter zu Anhängern des Nationalsozialismus wurden. Wir diskutierte zwei Stunden. Erich Kunik seufzte über mich, manche fanden, daß ich völlig unklar geredet habe und selbst von der Naziideologie verwirrt sei. Niedergeschlagen kam ich zu Varga und ging früh schlafen.

Am nächsten Morgen, beim Frühstück, erzählte mir Genosse Varga, es sei noch spätabends angerufen worden, ich solle zum Genossen Walter Ulbricht kommen.

Nun würde ich nach all den Jahren der Illegalität den Genossen Ulbricht wiedersehen, und er würde nur mit mir sprechen, um mich zu kritisieren für das, was ich gestern gesagt habe, dacht ich mir.

In einem engen Zimmer saß Genosse Ulbricht an einem kleinen Schreibtisch, dicht beim Fenster, durch das ein etwas trüber Wintertag schien, so ganz zu meiner Stimmung passend. Er kam auf mich zu, umarmte mich in der in Rußland üblichen

Weise, freundlich-herzlich, und küßte mich auf beiden Wangen.

Ach, er weiß noch nichts, dachte ich und war völlig verwirrt, weil ich nun gar nicht mehr verstand, was er von mir wollte.

Noch während ich den Mantel auszog, erzählte ich von dem Vortrag und der Diskussion, und als ich mich auf einen Stuhl neben seinen Schreibtisch gesetzt hatte, sagte er: »Ja, ich habe schon davon gehört« – und lächelte, wie er es manchmal tat, verschmitzt. Ich aber dachte mir: Da gibt es doch wirklich nichts zu lächeln – man hatte meine Äußerungen offenbar sofort nach meinem Weggang aus dem Institut an die Parteispitze gemeldet.

Doch nach wenigen Minuten war der Vortrag vergessen. Er forderte mich auf, ausführlich von »zu Hause« zu berichten, von Deutschland, von der Arbeit, von allem, schien es mir. Über eine Stunde dauerte das »Verhör«. Die Bedeutung der Fragen und meiner Antworten war mir vielfach nicht klar – ich hatte doch keine Ahnung, von den Meinungsverschiedenheiten, die es damals in der Analyse der Verhältnisse in Deutschland unter den Genossen der Partei und der Komintern (sie betrafen unter anderem auch die Größe des Einflusses der Naziideologie, das Ausmaß der Verwirrung unter den Werktätigen), und das war gut, denn ich konnte so viel unbefangener berichten. Wie geschickt der Genosse Ulbricht mich ausfragte, habe ich erst viel später begriffen. Er ging zum Beispiel, außer wenn es sich um Wirtschaftsfragen handelte, sofort auf etwas anderes über, sobald er merkte, daß ich nicht aus eigener Erfahrung berichten konnte. Mit Recht gab er bei einem in vielen politischen Fragen noch unerfahrenen Genossen nichts auf Vermutungen und Meinungen. Wenn er sich Notizen von dem, was ich sagte, machte, waren sie sicherlich ganz sachlich und nüchtern, einfache Tatsachen.

Zum Schluß fragte er mich, wie lange ich meiner Meinung nach noch in Deutschland bleiben sollte. Natürlich sagte ich: »So lange wie möglich.« Doch mußte ich hinzufügen, dabei ärgerlich grienend: »Es wird aber wohl immer schwieriger, bei einem ›Treff‹ darauf zu achten, daß ich nicht mit einer blonden Genossin zusammenkomme, die ich durch mein jüdischen Aussehen gefährde.« Der Genosse Ulbricht war für einen Augenblick tiefernst, vielleicht hatte er im Moment nicht an diese spezielle Schwierigkeit bei einem »Treff« gedacht.

Als er mir beim Abschied die Tür öffnete, sagte er eindringlich: »Schreib mir doch gleich, wenn du nicht mehr in Deutschland bist.«

Mehr als dreißig Jahre später hielt ich vor Mitarbeitern unseres Finanzministeriums und der zentralen Banken die Festrede zum fünfzigsten Jahrestag der Oktoberrevolution. In wenigen Sätzen erzählte ich dabei auch von meinem Wiedersehen mit dem Genossen Walter Ulbricht in Moskau und fuhr dann fort: » Auch das verdanke ich der Oktoberrevolution; sie ließ mich meinen Genossen Walter Ulbricht in der schwersten Zeit unserer Partei sehen, mich mit ihm aussprechen, in Ruhe und Sicherheit. Und wie mir erging es so manchen anderen illegal in Deutschland arbeitenden Genossen.«

Oft habe ich in den ersten Jahren nach meiner Rückkehr aus dem Exil im November 1945 mit Walter gesprochen. Nur einmal scharf, als er den Genossen Herrnstadt aus dem Politbüro, dem Zentralkomitee und der Partei hinausgeworfen hatte und ihn zum kleinen Beamten im Staatsarchiv in Merseburg gemacht hatte, wo ich ihn näher kennenlernte und wir in der

Folgezeit gute Freunde wurden. Walter hatte ihm überdies noch die Ehrenrente als Opfer des Faschismus entzogen, so daß er mit seiner Familie recht kümmerlich lebte. Das aber war nur ein einfacher Racheakt. Ich ging zu Walter und sagte: »Walter, das ist unmöglich, Du kannst unter keinen Umständen unsere Gesetze verletzen.« Und Walter sagte nur einen Satz: »Jürgen, da hast du recht.« Entsprechend erhielt Herrnstadt wieder seine Rente.

Walter war in vieler Beziehung sehr korrekt. Er war schlau und nicht unintelligent, sehr mißtrauisch der Intelligenz gegenüber, seien es Wissenschaftler oder Schriftsteller oder Künstler.

Im Laufe der Jahre wurde unser Verhältnis kühler, aber niemals brachen wir die Beziehungen ab. Stets sprachen wir wie »Gleichgestellte«, niemals war auf meiner Seite auch nur ein Hauch von Unterwürfigkeit zu spüren, stets jedoch war er für mich der Genosse mit der größeren Verantwortung und Autorität. Obgleich ich wußte, daß er ohne mit der Wimper zu zucken, wenn er es für nötig erachtete, über meine Leiche gehen würde, hatte ich ihn irgendwie gern, da er mir niemals menschlich überlegen war , da ich über ihn lächeln konnte.

Das heißt nicht, daß wir nicht auch noch Gespräche wie in den ersten Jahren nach 1945 hatten. So berichte ich im 2. Band meiner Memoiren (S. 102): »Es folgten die Ereignisse in Polen und Ungarn, die eine erneute ›Zügelung‹ zur Folge hatten und auch zum Verbot der gedankenreichen, zum Teil leichtsinnig formulierten Schrift von Fritz Behrens führten.

Ganz merkwürdig in dieser Zeit die erneuten Rückschläge, Mitte Dezember, eine mehr als einstündige Unterhaltung zwischen Walter Ulbricht und mir über den Stand der Wirtschaftswissenschaften bei uns. Es war wie in alten Zeiten und nur natürlich, daß ich ihn wie stets, wenn wir vertraulich diskutierten, einfach mit Walter ansprach. Seine Kritik war zum Teil berechtigt – wo nicht, nahm er meine Einwände an, ohne heftig zu werden. Ich sagte Marguerite später, es sei wie ein Idyll gewesen.«

Andererseits berichte ich ebendort (S. 169): »Am 20. Juli 1962: neulich war ein Plenum des ZK, auf dem ich als Historiker eingeladen war. Eineinhalb Tage wurde der ›Grundriß zur Geschichte der deutschen Arbeiterbewegung‹ abgehandelt. Absolut makaber in einer Situation wie der unsrigen, eineinhalb Tage einem Grundriß zu geben, in jeder Rede Walters ›führende Leistung‹ bei seiner Fertigstellung hervorhebend, das Ganze als von ›grundlegender Bedeutung für die Arbeiterklasse in beiden Teilen Deutschlands‹ erklärend, und wahrscheinlich nicht klar darüber, daß in Bälde, allein schon wegen des Personenkults, der mit Walter in dem Grundriß getrieben wird, der Grundriß gründlich umgeschrieben wird. Die ›ganze Geschichte‹ soll jetzt dem Schreiben eine 8bändigen Werkes der deutschen Arbeiterbewegung untergeordnet werden.«

Wie wenig »ergeben« ich ihm war, zeigt eine kurze Unterhaltung in einer Pause bei dem Festakt zum 20. Jahrestag der Gründung der Gesellschaft für Deutsch-Sowjetische Freundschaft (3.7.1967), über die ich in den »Memoiren« so berichte (S. 184):

»Während der Pause in der Staatsoper beim Imbiß im Apollo-Saal folgende Unterhaltung mit Walter:
W.: ›Nu, man hat dich lange nicht gesehen.‹
Ich: ›Das war aber nicht eine Schuld, Walter.‹

(Bei der Anrede ›Walter‹ stutzte er; heute sagen wohl die alten Genossen ›Genosse Walter‹.)
W.: ›Und wie geht's?‹
Ich: ›Danke gut.‹ Um die peinliche Unterhaltung abzubrechen, fahre ich fort: ›Und alles Gute auch für morgen.‹
W.: ›Wie? Woher weißt Du?‹
Ich: ›Nu, seit 74 Jahren hast Du am gleichen Tag Geburtstag wie meine Mutter.‹
W.: ›Ach so.‹ (Vielleicht hatte er erwartet, daß ich von bekannten Geburtstagen großer Persönlichkeiten sprechen würde.)
W.: (Fortfahrend): ›Nu, jetzt kommen ja die Ökonomen wieder in den Vordergrund.‹
Ich: ›Du meinst wegen der Krise im kapitalistischen Lager?‹
W.: ›Ja, der alte Marx hat doch immer recht.‹
Ich: ›Ja, Gottseidank.‹ Verbeugung, Schluß.«

Aber irgendwie hielt er mich doch für ein »bedeutendes Mitglied unserer Gesellschaft«. 1968 wurde er 75 Jahre alt, und natürlich wurde unter seiner Leitung (!) eine Festschrift herausgebracht. In meinen Memoiren gebe ich eine Unterhaltung mit Erich Honecker, die zu einem Beitrag von mir zu dieser Festschrift führen sollte, wieder:

»Doch was für erstaunliche Erlebnisse, auch mit sich selbst, konnte man haben. Am 16. Dezember berichtete ich aus einer Unterhaltung mit Erich Honecker:

›Du hast doch in den Jahren vor dem zweiten Weltkrieg eine ganze Reihe Gespräche mit dem Genossen Ulbricht über Wirtschaftsfragen gehabt? *)

›Ja.‹

›Willst Du die nicht aufschreiben und veröffentlichen?‹

›Ich glaube nicht. Du weißt doch, der Genosse Ulbricht macht sich nichts mehr aus mir.‹

›Das kann nicht sein. Du glaubst doch nicht, daß ich von mir aus auf diese Idee gekommen bin!‹

›Aber die Gespräche waren doch nicht sehr bedeutungsvoll.‹

›Der Genosse Ulbricht meint ganz im Gegenteil, daß sie sehr, sehr bedeutungsvoll waren und daß Du eine Broschüre oder ein Buch darüber schreiben solltest.‹

›Nu, höchstens eine Broschüre. Vielleicht ein Bogen.‹

›Gut, also dann eine Broschüre. Sie kommt dann im Juni heraus.‹

Ein guter Freund von mir und alter Genosse meinte: ›Nun, das ist doch klar, warum er eine Broschüre von Dir will; in seiner Umgebung kann er alles haben, was er will. Von Dir eine Broschüre bedeutet wirklich etwas.‹ Ein anderer meinte: ›Zum Schluß möchte er die beiden Pole

---

*) Von 1936 bis 1939 fuhr ich alle Vierteljahr von London nach Paris, um als Leiter der Organisation der KPD-Mitglieder im englischen Exil der Auslandsleitung der Partei, die abwechselnd von Walter Ulbricht und Franz Dahlem geleitet wurde, Bericht zu erstatten und Weisungen zu erhalten. Bei dieser Gelegenheit fanden die Gespräche statt.

der Partei noch einmal zusammenbringen.‹ Ein Dritter: ›Vielleicht wird es jetzt doch besser.‹ Alle stimmten jedoch darin überein, daß ich nicht ablehnen konnte. Keiner von denen, die mir ganz nahe stehen, ist jedoch glücklich über das Ganze. Es kann leicht abgelehnt werden – und das kann, nein wird sich ganz schlecht auf das Institut und die Veröffentlichung meiner Bücher auswirken. Oder es kann veröffentlicht werden, und dann kann meine Position völlig mißverstanden werden.

Meine eigenen Gefühle sind natürlich ebenfalls ganz gespalten. Jeder, der mir nahesteht, weiß, wie oft ich in den letzten Jahren nicht mit Walter einverstanden war. Jeder von ihnen weiß auch, wie gern ich ihn persönlich habe. Wenn ich etwas über die Zeit nach 1949 hätte schreiben sollen, hätte ich selbstverständlich abgelehnt. Aber vor 1939? Da kann ich von meiner damaligen Position eines Genossen, der ihn gern hat, ihm voll zustimmt und tief dankbar ist, schreiben!

Ich schrieb das Ganze (1 ½ Bogen) in 4 Tagen und mit großer Freude. Erinnerte mich an so vieles und schrieb mit Wärme und in Dankbarkeit. Die nächsten 8 Tage feilte ich. Jetzt schreibt Erika ab.

Es ist natürlich ohne jede parteiprotokollarische ›Verehrung‹, ohne Parteizeremoniell. Nur menschlich, wie zwischen zwei alten Genossen.

Darum natürlich ganz zweifelhaft, ob man es nehmen wird.«

Ja, dieser Beitrag wurde für mich aus folgendem Grund wichtig. Meine Arbeit für Walter gefiel sehr. Dann aber verbot das

Kulturministerium den Druck meines Buches »Schöne Literatur und Politische Ökonomie«. Worauf ich Hager sagte, ich könnte mich nicht dem Vorwurf der objektiven Doppelzüngigkeit aussetzen.

Worauf er sagte: Ja, das ist eine dumme Situation, und ordnete an, daß das Buch herauskommen darf. So verhalf mir Walter indirekt zum Erscheinen eines verbotenen Buches von mir. Verrückt, das Leben eines Wissenschaftlers damals in der DDR!

Ja – und dann wurde er 1971 abgesetzt. Am 18.3.1971 notierte ich in meine Tagebuch: »Die Sowjetfreunde haben Walter endgültig dazu gebracht, auf die Parteiführung zu verzichten. Ein Glück für uns, da er immer noch auf der Linie von vor dem 14. Plenum stand: prahlerisch, subjektiv, unbescheiden vorwärts zu stürmen.«

Doch muß ich über unsere Verhältnisse danach noch zwei Erlebnisse anfügen, die damit zusammenhängen, daß er nach seiner Absetzung, obgleich noch Mitglied des Politbüros, sogar mit einem dekorativen Titel eines Ehrenvorsitzenden versehen, zur Unperson erklärt wurde, während er nichts begriff und immer noch versuchte, »eine Rolle zu spielen«.

Das erste ist einfach sagenhaft. In den Tagen vor dem VIII. Parteitag im Juni 1971 hatte sich Walter, der sich immer noch nicht an seine völlige Bedeutungslosigkeit gewöhnen konnte, überangestrengt, um ja bei allen Empfängen wichtiger ausländischer Genossen dabeizusein. Am Morgen bei der Eröffnung hätte er drei Sätze sprechen dürfen, aber war erkrankt, was in einem lapidaren Satz den Delegierten mitgeteilt wurde, ohne mit einem Wort auf die Krankheit einzugehen. Als am zweiten Tag immer noch keine Mitteilung über Walters Krankheit kam, mußte ich, nur ein Gast des Parteitages, in die Spezialräume der

Parteiführung eindringen und hinter verschlossenen Türen den Genossen klarmachen, daß sie eine Meldung über Walters Krankheit und was die Ärzte sagen, an den Parteitag geben mußten, was dann auch geschah.

Das zweite Erlebnis: 1972 erschien beim Parteiverlag Dietz mein Buch »Klassen und Klassenkämpfe im imperialistischen Deutschland und in der BRD«. Im Vorwort habe ich Walters alte Studie »Vergangenheit und Zukunft der deutschen Arbeiterbewegung« empfohlen. Die Korrekturen des Buches fielen irgendjemandem im Apparat des Zentralkomitees in die Hände, der dieses »Verbrechen« sofort nach Oben meldete. Darauf Anordnung an mich, diese Stelle im Vorwort zu streichen. Da ich wahrlich wichtigere Kämpfe zu führen hatte, gab ich nach und besitze heute das einzige Exemplar auf der Welt mit dem ersten Text des Vorworts.

Mein Verhältnis zu Erich Honecker war grundverschieden von dem zu Walter Ulbricht. Erich hatte natürlich Dutzende von diensteifrigen Ja-Sagern um sich geschart, genau wie Walter Ulbricht. Aber dazu kam noch etwas anderes: In meinem alten »Meyers Großes Konversationslexikon« kannst Du im 8. Band aus dem Jahre 1904 lesen: »Gunst (verwandt mit ›gönnen‹) ist der Güte darin verwandt, daß beide das Wohl eines anderen in uneigennütziger Weise wollen, aber dadurch von ihr verschieden, daß der Grund dieses Wohlwollens das Wohlgefallen an andern (Günstling) ist«. Erich hatte zwei Günstlinge, Stephan Hermlin und mich.

Stephan ist für mich neben dem großartigsten Prosaiker dieses Jahrhunderts, Thomas Mann, der wunderschönste. Und dazu ein Dichter. Wir mögen uns sehr, voller liebevoller Hochachtung für einander. Als ich ihm den »Dialog mit meinem Urenkel« geschickt hatte, sandte er mir seine »Äußerungen 1944 – 1982« mit der Widmung »Lieber Jürgen. Dies mit meinem Dank für Deine Urenkel-Briefe. Vielleicht findest Du hier manches Überraschende. Suchet, so werdet Ihr finden ... Herzlichst St. H.« Immer ist eine ganz große Freude für mich, ihn zu treffen.

Stephan ist genau wie ich in der DDR ein mutiger Kritiker unserer Verhältnisse gewesen. Wir beide sind unter Honecker, jedoch jeder auf seine Weise, mindestens einmal »zu weit gegangen«. Er mußte eine »Reueerklärung« abgeben, ich erhielt eine Parteistrafe. Aber meine Parteistrafe hatte eine Besonderheit. Das Sekretariat des Zentralkomitees, das sie aussprach, tagte ohne Erich, der auf Urlaub war. Da man unser besonderes Verhältnis kannte, rief man ihn wegen der Strafe an. Er billigte sie, verlangte jedoch von dem, der mir die Strafe mitteilen würde: »Aber bitte keine Schimpfworte bei der Verkündung der Strafe!«

Erich und ich mochten uns nicht nur, sondern hatten eine große Hochachtung voreinander. Nicht daß ich ihn, insbesondere im Verlauf seiner Tätigkeit als Generalsekretär, politisch hochachtete, sondern ich hatte Hochachtung vor dem Menschen. Auch war er ungewöhnlich höflich. Stets, am Ende einer Unterhaltung mit ihm, stand er an seinem Arbeitstisch auf und begleitete mich zur Tür seines Büros und öffnete mir die Tür. Auch legte er mir gegenüber nicht den mindesten Wert darauf, irgendwie wegen seiner Politik belobigt zu werden. Ganz im Gegenteil bat er mich, »die Lobsprüche« für ihn im »Dialog mit meinem Urenkel« zu streichen.

Kurz und gut, solange ich ihn persönlich sah und ausführlicher sprach, also bis 1984, erschien er mir als eine persönlich (!) erfreuliche Gestalt an der Spitze der Partei.

Auch lag ihm alles ferner als, wenn er fremde gute Gedanken übernahm, diese einfach als eigene auszugeben. Am 4.November 1984 notierte ich über unser letztes ausführliches Gespräch:

»Erich ließ mich vor 3 Tagen zu sich kommen. Er will am 22., auf dem nächsten Plenum, über die Wirtschaftslage in der Welt des Kapitals sprechen, und ich soll einen Entwurf machen. Natürlich sehr froh über beides. Für mich ist es natürlich sehr schön, bei meiner völligen Funktionslosigkeit und in meinem Alter noch einen solchen Auftrag zu erhalten.

Übrigens passiert in unsere Unterhaltung eine wunderschöne Sache. Ich sagte ihm, daß bei der eigentümlichen Verflechtung von allgemeiner und zyklischer Krise, von der er vor ein paar Jahren zuerst gesprochen hätte, sich jetzt folgende neue Entwicklung zeige, die diese Formulierung erneut bestätige. Da unterbrach er mich und sagte: ›Von der ich zuerst gesprochen habe? Die Formulierung stammt doch von dir.‹ Einmal habe ich wirklich vergessen, daß ich bei einer früheren Zusammenarbeit ihm diese Formulierung gegeben habe – und sodann: Welcher hohe Funktionär würde sich das gemerkt haben und es wieder angemerkt haben!«

Oder acht Jahre zuvor sprach ich mit ihm über seine Analysen der Wirtschaft in der Welt des Kapitals und sagte: Sie sind wirklich gut. Worauf Erich bemerkte: »Mit Deiner Hilfe«. Ich winkte ab, denn ich meinte: Entscheidend ist doch, daß er den richtigen Wissenschaftler ausgesucht hat, der ihm Ideen gibt oder gar den Text schreibt. Das ist die Aufgabe eines guten Generalsekretärs, und die hat er glänzend erfüllt. Generalsekretäre sind alle paar Jahrhunderte mal ein Lenin oder Marx oder Engels, aber sie sollten in dieser Beziehung alle Honecker sein, und keiner in den sozialistischen Ländern war es – außer er.

Einmal griff er ungewöhnlich erfolgreich in das wissenschaftliche Leben der DDR ein. Walter Ulbricht, Mittag und Kurt Hager führten eine sogenannte Akademie-Reform durch. Ihr sollt auch mein Institut für Wirtschaftsgeschichte geopfert werden – es war vorgesehen, daß es in das Institut für Geschichte eingegliedert werden sollte. Engelberg, der Leiter des Instituts für Geschichte, und sein Parteisekretär hatten schon verschiedene Maßnahmen beschlossen, um den Zusammenhalt unserer Mitglieder innerhalb seines Instituts völlig unmöglich zu machen. Unser Institut hatte nämlich den Ruf einer »Insel der Freiheit« an der Akademie, ein Institut, in dem nicht »parteitreu« gearbeitet wurde, sondern offen, echt wissenschaftlich diskutiert und geschrieben wurde; später waren wir das einzige Institut an der Akademie, das nach Oben gegen das Sputnik-Verbot protestierte. Unsere Zeitschrift wurde zu einem Drittel im westlichen Ausland abgesetzt. Als ich 1968 als Direktor zurücktrat, bewahrten all meine Nachfolger bis 1990, als es der allgemeinen Zerstörung der Akademie zum Opfer fiel, diesen Geist des Institutes. Wie kam es nun zur Rettung des Instituts durch Erich Honecker? Im Band 2 meiner »Memoiren« heißt es dazu: »In dieser Zeit bat mich Erich Honecker zu einer Konsultation über bestimmte Probleme der Wirtschaftsentwicklung im Westen. Nachdem ich meine Auffassung, der er zustimmte, dargelegt hatte, wollte er mich verabschieden. Doch nun kam es zu folgender Unterhaltung:

›Erich, Du hast mich noch nicht wie sonst gefragt, wie es mir geht.‹

›Na, Jürgen, wie geht es Dir denn?‹

›Saumäßig, Erich.‹

Und dann erzählte ich ihm von der gefährdeten Situation des Instituts. Da er das Ansehen des Instituts kannte, da Walter Ulbricht und der gegenüber Ulbricht und Mittag stets feige Kurt Hager auf Urlaub waren und Erich als Vertreter von Walter in der Führung fungierte, genügte ein Telefonanruf an Hannes Hörnig, Leiter der Abteilung Wissenschaften im Apparat des ZK, um das Institut zu retten.«

So rettete Erich nicht nur den »Dialog mit dem Urenkel«, sondern auch das unter den anderen gesellschaftswissenschaftlichen Instituten der DDR wirklich herausragende Instituts für Wirtschaftsgeschichte an der Akademie. Noch ein weiteres Mal konnte ich bei Erich etwas Wichtiges für uns Wissenschaftler tun. Im Sommer 1978 begann man Oben zu erkennen, daß unsere Wirtschaftslage alles andere als gut war. Man suchte bei den wirklich Schuldigen unter Leitung von Mittag nach anderen, denen man die Schuld daran geben könnte und fand dabei auch die Wissenschaftler an der Akademie, sowohl Naturwissenschaftler, die die Technik nicht schnell genug entwickelten, wie auch Gesellschaftswissenschaftler, vornehmlich natürlich Wirtschaftswissenschaftler. Anläßlich eines Besuchs bei Erich erwähnte ich das. Am 4. November konnte ich erfreulicherweise in meinem Tagebuch notieren, daß Günter Mittag vor einigen Tagen einen entschlossenen Versuch bei einer Beratung über die Wirtschaftslage unter Erichs Leitung gemacht hätte, die Hauptschuld an dem ungenügenden Fortschritt in der Wirtschaft den

Wissenschaftlern zuzuschieben, worauf Erich mit aller Schärfe erklärt hätte, man solle »die Wissenschaftler aus dem Spiel lassen«.

Überaus wichtig für mich war es auch, daß er mich für den besten Kenner der Wirtschaft in der Welt des Kapitals hielt. Bis 1987 hielt er viele Jahre hindurch als einziger Parteiführer im Lager des »Realen Sozialismus« eine jährliche Rede über die kapitalistische Weltwirtschaft, und diese Rede schrieb ich für ihn. Und mehr: Am Tag nach seiner Rede schrieb ich über sie einen Artikel für das »Neue Deutschland«, in dem ich ausführlich auf Dinge einging, die mir besonders wichtig erschienen. Da das ND stets Verdacht hatte, daß ich in meine Artikel irgendwelche Gedanken hineinschmuggelte, die nicht in die Parteilinie passen, zögerte man dort stets, Artikel von mir anzunehmen. Also ernannte ich Erich zu meinem Briefträger für das ND. Alle Artikel, die ich für das ND schrieb, sandte ich Erich mit der Bitte, sie mit seinem OK an das ND weiterzuleiten, was dann auch meistens innerhalb von 24 Stunden geschah. Ein OK von Erich aber war natürlich für das ND sowohl Beweis für seine »parteiliche Qualität« wie ein Befehl, den Artikel sofort zu bringen.

Mit einem Artikel hatte ich einmal ein Erlebnis, das die ganze Unterwürfigkeit auch einiger Politbüromitglieder gegenüber Erich zeigte. Erich wollte einen Satz in einem Artikel von mir abgeändert haben und bat das Politbüromitglied Joachim Herrmann, verantwortlich für Presse, Rundfunk und Fernsehen, die Sache mit mir zu besprechen. Er rief mich an, und es war überhaupt kein Problem für mich, den Satz entsprechend dem Wunsch von Erich zu verändern. Ich sagte ihm, ich würde seiner Sekretärin den geänderten Satz telefonisch diktieren, und wenn ich nichts von ihm höre, nähme ich an, er sei mit meiner Änderung einverstanden. Zehn Minuten nach meinem Anruf bei seiner Sekretärin ein Anruf von J.H., er habe »sicherheitshalber« den neuen Satz doch noch Erich unterbreitet, und dieser sei einverstanden.

Noch ein Beispiel meiner Zuarbeit für Erich. Am 24. August 1976, einem Dienstag, hatte ich einen Brief an Erich über die gegenwärtige Lage in der Welt des Kapitals gesandt. Am Mittwoch war ich zur Pugwash-Konferenz nach Mühlhausen gefahren. Am gleichen Tag ein Anruf von Achim Herrmann, der mich dann am Donnerstag in Mühlhausen erreichte: Ich soll für Erichs Rede am 3. Im ZK oder am 13. Im Palast der Republik meinen Brief erweitern. Man schickte mir am Sonnabend ein Auto nach Mühlhausen, am Sonntag schrieb ich den Teil der Rede. Montag früh hatte ich im »Neuen Deutschland« zu tun, wo ich Achim traf. Er fand – natürlich ein Echo von Erich – meine Ausführungen »wunderbar«.

Ja, Erich war so wichtig für mich als Erforscher der Wirtschaftslage im Kapitalismus, weil er meine sowohl bei uns wie überhaupt in der Welt oft bekämpften Auffassungen und Analysen entweder dadurch, daß er sie in seinen Reden als die eigenen vortrug oder sie in meinen Artikeln im »Neuen Deutschland« unterbrachte, unterstützte. Er war mein Sprachrohr und mein Briefträger. Und außerdem gab mir mein Verhältnis zu ihm gegenüber der Parteihierarchie und den Kollegen einen gewissen Schutz vor unflätigen Angriffen wie sie zuvor, insbesondere 1957 und 1958, üblich waren.

Doch in den letzten fünf Jahren seiner Funktion als Generalsekretär versagte Erich Honecker völlig, teils weil er zu schnell alterte, teils weil seine Umgebung ihn von aller Realität abzuschirmen suchte, teils weil sie mit ihm Theater spielten. Wie genau er etwa bis 1984 über die Alltagsverhältnisse bei uns unterrichtet wurde, kann ich nicht beurteilen. Wohl aber, daß diese Unterrichtung danach immer schlechter, immer selektiver wurde und daß er zum Schluß keine Ahnung mehr von ihnen hatte. Seine Reden wurden immer phrasenhafter und wirklichkeitsferner. Wie seine Umgebung dafür sorgte, zeigt auch die Tatsache, daß, als er einmal zu einer Veranstaltung nach Leipzig fahren mußte, die dort zum Abriß bestimmten Häuser einer Straße, durch die seine Fahrt ging, vorher frisch angestrichen und mit Gardinen versehen wurden. Wie die »Begeisterung« für ihn organisiert wurde, auch dafür ein Beispiel: Bei einem Besuch in Halle war vorgesehen, daß er in einer Straße an einer bestimmten Stelle aus dem Auto steigen würde, um dem am Straßenrand organisierten Menschen »näher« zu sein. An einer Stelle aber durchbrachen Menschen die Sperre »vor lauterer Begeisterung«. Dieser »begeisterte Durchbruch« war vier Tage lang geübt worden.

Zum Schluß war er wohl geistig völlig verkalkt und jeder politischen Vernunft unzugänglich – beginnend 1985 mit seiner Haltung zu Glasnost und Perestroika in der Sowjetunion.

Ganz traurig das Ende unserer Beziehungen. Erich hatte die Urgroßmutter und mich zur Feier des 40. Jahrestages der DDR ganz Oben zum Abendessen und der anschließenden Festveranstaltung mit Gorbatschow eingeladen. Aber wir sagten ab. In meinem Tagebuch hatte ich notiert: »Man soll nicht auf einem Vulkan tanzen.«

Ach wie recht hatten wir! An diesem Tag begannen die Demonstrationen im Lande.

Wenige Tage zuvor hatte ich eine andere Einladung angenommen: zu einem Treffen des Politbüros mit den Widerstandskämpfern der Jahre 1933 bis 1945. Aus meinem Tagebuch nur wenige Zeilen zu diesem Treffen: »Saß neben Jan Koplowitz. Als Erich seine Rede beendet hatte, sagten wir beide wie aus einem Munde: Wie makaber! Er sprach so, als ob alle in unserem Lande zufrieden wären und auch allen Grund dazu hätten.«

Vielleicht kann ich Erichs Verhältnis zu mir so zusammenfassen: Er hatte die größte Hochachtung vor mir, was die Beurteilung der Wirtschaftsentwicklung in der Welt des Kapitals betrifft, und sicherlich auch Achtung vor mir als alten Genossen, mochte mich wohl auch persönlich. Gab mir auch Gelegenheit, in dieser oder jener Kleinigkeit erfolgreich in einer Sache oder einem Genossen helfend einzugreifen. Aber in allen entscheidenden Dingen war ich nicht nur völlig machtlos, sondern ich erkannte wohl auch völlig richtig, daß der Versuch eines Eingreifens meinerseits von ihm als ungehörig, mir nicht zukommend betrachtet worden wäre. Ich war ihm ein willkommener Spezialist und treuer, aber keineswegs politisch irgendwie begabter und erfahrener Genosse. Nachdem er abgesetzt worden war, sandte ich ihm folgenden Brief:

»Lieber Erich:

In diesen Stunden möchte ich, der, innerhalb unserer Partei, wohl schärfste öffentliche Kritiker unserer Verhältnisse in den letzten Jahren, Dir ganz persönlich sagen, daß ich Dir nie vergessen werde, daß Du vor zwei Jahrzehnten während der so schlimmen Akademiereform mein Institut für Wirtschaftsgeschichte für die Gesellschaftswissenschaften vor der Zerstörung und 1984 meinen ›Dialog mit meinem Urenkel‹ (gegenwärtige Auflage 260.000 Exemplare), den der Genosse Naumann (damals, im Jahre 1984, Politbüromitglied) vor den Studenten der Humboldt-Universität als ›das republikfeindlichste Buch, das je bei uns erschienen ist‹, charakterisiert hatte, für unser Volk gerettet hast.

Wenn Du glaubst, mich in irgendeiner Kleinigkeit brauchen zu können, lasse es mich wissen.

Mit vielen guten Wünschen«

Entschuldige Urgroßvater, aber irgendwie kapiere ich das immer noch nicht: Einerseits bezeichnest Du Dich als »schärfsten öffentlichen Kritiker« Honeckers, andererseits hast Du – beispielsweise in dem Buch »Erich Honecker in Berlin« oder in einem »Weltbühne«-Artikel – maßlos gelobhudelt. Wie konntest Du in und mit einem solchen Widerspruch leben?

Aber hör mal! Wo habe ich mich je als »schärfsten öffentlichen Kritiker« Honeckers bezeichnet? Nirgendwo! Ich habe mich als schärfsten öffentlichen Kritiker unserer Verhältnisse unter den Wissenschaftlern, die Parteimitglied waren, bezeichnet, und das stimmt wohl auch. Aber ich hatte stets ein besonderes menschliches Verhältnis zu Honecker, und das habe ich auch heute noch, wo ich so deutlich sehe, daß er als Politiker völlig versagt hat.

Aber zu einigen anderen Politbüromitgliedern: Franz Dahlem war mir seit meiner Arbeit 1931 in der Revolutionären Gewerkschaftsorganisation (RGO) bekannt. Als ich ihn, sich mit Ulbricht abwechselnd, als Leiter der Auslandsabteilung der Partei in Paris, immer wieder von 1936 bis 1939 traf, wurden er und seine Frau gute Freunde. Als er in der DDR aus dem Politbüro und dem ZK geworfen wurde, wurden wir noch engere Freunde. Otto Grotewohl war in den ersten Jahren nach 1945 eine nicht unerfreuliche, bei gelegentlichen Treffen mir gegenüber bescheidene Gestalt; später, als Ministerpräsident, entwickelte er sich zu einem wahrlich unerfreulichen Pascha, mit dem ich glücklicherweise nichts zu tun hatte. Albert Norden hatte ich 1930, wie schon erwähnt, auf einer Reise durch die Sowjetunion mit einer Gruppe Parteijournalisten kennengelernt, ihn dann fast immer von 1936 bis 1939 in Paris getroffen, wo er und seine Frau mir gute Freunde wurden – eine Freundschaft, die bis zu seinem Tode dauerte, obgleich ich wenig mit ihm als Verantwortlichen für Außenpolitik zu tun hatte. Hermann Axen, Nordens Nachfolger in dessen Funktion als Politbüromitglied, lernte ich ebenfalls in Paris kennen, ohne daß wir Freunde wurden, aber wir standen gut miteinander. Über Paul Merker will ich in anderem Zusammenhang berichten.

Doch nun zu Kurt Hager, der viele Jahre als Politbüromitglied für Kunst, Schöne Literatur und Wissenschaft verantwortlich war. Ich hatte von London aus geholfen, daß er aus dem Internierungslager in Frankreich, in das die Spanienkämpfer gekommen waren, befreit wurde und nach England kommen durfte, wo er unter dem Decknamen Felix Albin lebte. 1938 bis 1941 waren er und seine Frau gute Freunde von uns. Das änderte sich mit dem Ausbruch des Krieges gegen die Sowjetunion, als sich unter den deutschen Kommunisten allmählich eine Gruppe unter Kurt Hagers Führung, zusammen mit Wilhelm Koenen und Heinz Schmidt, bildete, die das deutsche Volk abschrieb. Am weitesten ging Schmidt mit der Erklärung, eine Kommunistische Partei in Deutschland nach dem Kriege könnte sich erst in 20 Jahren oder noch später aus dem Volke rekrutieren. Man hetzte gegen mich und andere Genossen, die eine andere Zukunft für das deutsche Volk sahen. Ehe es jedoch zu »parteilichen Maßnahmen« gegen mich kommen konnte, war ich mit Zustimmung Moskaus (Walter Ulbricht und Sowjetgenossen) in der amerikanischen Armee.

Mein erster, sehr ernster Zusammenstoß mit Hager in der DDR fand auf der Hochschulkonferenz am 28. Februar 1958 statt, auf der Hager das Einleitungsreferat hielt. In meinem 1993 erschienenen Buch »Frost nach dem Tauwetter. Mein Historikerstreit« bin ich ausführlich auf den ganzen Vorgang eingegangen. Hier sei nur angemerkt, daß Hager eine so wütende Rede gegen mich hielt, daß man allgemein annahm, ich würde aus der Partei ausgeschlossen werden. Jedoch, unter den Zuhörern saß auch mein Freund Jerussalimski, der im Zusammenhang mit seiner Funktion als Leiter der Sowjetgruppe von Historikern innerhalb der deutsch-sowjetischen Historikerorganisation in Berlin weilte. Im Laufe des Nachmittags ging er zu Hager und sagte ihm, daß man so mit einem weltbekannten Wissenschaftler, dessen Bücher in allen sozialistischen Ländern, ebenso in der BRD, den USA, England, Frankreich, Italien erschienen wären, nicht umgehen konnte. Politisch feige, wie Hager war, milderte er dann zur großen Enttäuschung vieler Anwesender in seiner Schlußrede den Ton, ohne aber in der Folgezeit seinen wütenden Kampf gegen mich aufzugeben, bis Walter Ulbricht, beeindruckt von den Bemerkungen führender sowjetischer Genossen, ihn veranlaßte, sein Verhalten mir gegenüber zu ändern, und ich am Abschluß der Angelegenheit nur eine relativ geringe Parteistrafe erhielt.

In der Folgezeit war unser Verhältnis ein gemischtes, je nachdem er die Haltung Ulbrichts mir gegenüber einschätzte. Opportunist, der er war, war unser Verhältnis unter Honecker natürlich besser. Hager war bis fast an das Ende seiner Politbüromitgliedschaft ein Stalinist. Schon am 22. Mai 1961 notierte ich:

»Am Donnerstag mir eine 3 3/4stündige Rede von Hager über

die Lage in den Gesellschaftswissenschaften und gegen den Dogmatismus angehört. Zweierlei scheint offenbar:

Selbstkritik ist nur unten erwünscht. Oben wird sie als Fehlerdiskussion betrachtet, und so etwas kann nicht geduldet werden.

Der Kampf gegen den Dogmatismus soll hauptsächlich in den Händen der Dogmatiker liegen.

Ich habe den Eindruck, daß Hager sich nicht über den Ernst der Situation klar ist, über das Ausmaß von Zynismus, dem die ›klügsten Reden‹ in der heutigen Situation in der Parteiintelligenz begegnen müssen, über die Unzufriedenheit mit und das mangelnde Vertrauen zur Abteilung Wissenschaften im ZK und zu ihm selber. Dazu die ernste wirtschaftliche Situation und die Kluft zwischen Partei und Bevölkerung. Ohne die ›feste Hand‹ Walters wäre längst ein Unglück passiert.«

Sieben Jahre später bat mich Hager, für das nächste Plenum des ZK auf fünf bis sechs Seiten einen Perspektivplan für die Gesellschaftswissenschaften zu verfassen. Natürlich ergriff ich die Gelegenheit, um offen und kühn über die Situation zu schreiben. Nachdem ich mein Manuskript abgegeben hatte, notierte ich: »Das Memorandum, das Hager von mir über Perspektiven der Gesellschaftswissenschaften wollte, fand Hörnig ordentlich. Aber ob es irgendeinen Sinn haben wird, ob Hager auch nur eine Idee für sein Referat verwenden wird, ob er nicht vielleicht einzelne Sätze herausnehmen und mich prügeln wird, das wissen die Götter.« Und noch einmal sechs Wochen später bemerkte ich: »Amüsanterweise hat Hager (auf Anordnung Walters?) sogar aus dem vertraulichen Protokoll der ZK-Tagung den Hinweis auf mein Memorandum gestrichen. Doch paßt das zur ganzen Situation. Die Akademie-Reform geht auf gesellschaftswissenschaftlichem Gebiet weiter, ohne daß Akademie-Mitglieder irgendwie gehört werden.«

1971 war Hager die stärkste Stütze Honeckers innerhalb des Politbüros bei der Vertreibung Walter Ulbrichts aus seiner Funktion. Als Erich an der Macht war, änderte sich Hagers Haltung zu mir zunächst ganz radikal. Am 16. Oktober 1971 war eine Veranstaltung der Parteiführung mit den Gesellschaftswissenschaftlern. Etwa vier Wochen vorher hatte Hager mich zu sich gebeten, um über sein Referat mit mir zu sprechen. Eine sehr ordentliche und kritische Besprechung der Situation. Vor der Veranstaltung hatte er mir sein Referat zugehen lassen. Ich notierte in meinem Tagebuch: »Hagers Referat hatte ich als einziger außerhalb des Politbüros und einiger ZK-Abteilungs- bzw. ZK-Institutsleiter vorher gesehen. Es war vorzüglich in vieler Beziehung. Als er es vortrug, hatte er es nicht nur wesentlich in Richtung stärkerer Betonung des subjektiven Faktors gegenüber den Gesetzen und der Rolle der Theorie gegenüber verflacht, sondern als ich in meinem Diskussionsbeitrag, der gut ankam, die richtigen Proportionen wieder herstellte, polemisierte er (sehr freundlich) gegen mich.«

In den folgenden Monaten konsultierte er mich öfter, und es war wohl bisweilen ein wenig nützlich. So notierte ich am 24. März 1973: »War gestern bei Hager. Wollte ihn 3/4 Stunde wegen der Situation in Akademie sehen. Er behielt mich 2 ¼ Stunden bei sich.«

Als ich 1983 endlich durchgesetzt hatte, daß man Oben das Manuskript des »Dialogs« las – es mußte Oben gelesen werden, da es als eine Art Memoiren anzusehen wäre –, erhielt ich die sechs Jahre alten Korrekturen mit den albernsten Bemerkungen von Hager zurück, lauter Striche am Rand, wo ich ändern sollte, was ich dann auch so vorsichtig tat, daß der Sinn irgendwie erhalten blieb. Nach seinem Erscheinen war er, bis Erich es rettete, ein Gegner des Buches und erlaubte keine zweite Auflage.

Sobald Gorbatschow an die Spitze der KPdSU trat, war Hager einer seiner heftigsten Gegner bei uns. Kein Wunder, daß der Westen, etwa der RIAS, mich nach meinem Konkret-Interview gegen Hager ausspielte.

Interessant zwei Ratschläge, die ich Oben vor meiner Italienreise im März/April 1973 erhielt:

Erich Honecker: »Die KPI ist die größte kommunistische Partei im Kapitalismus; sie ist eine Kampfpartei; Deine Aufgabe ist es, die allerbesten Beziehungen zu ihr zu unterhalten.«

Kurt Hager: »Vergiß nicht die ideologische Unsicherheit der KPI, Maoismus und Reformismus machen sich in ihr breit.«

Zum Abschluß eine vergleichende Einschätzung meines Verhältnisses zu Honecker und Hager nach der Wahl Honeckers zum Generalsekretär und in den folgenden Jahren:

In diesen Jahren sah ich relativ oft Hager und Honecker – Honecker stets mit Erfolg, Hager leider fast immer ohne Folgen, aber auch ohne Illusionen über seine Wirksamkeit. Stets saßen Hager und ich uns gleich zu gleich gegenüber, was die eigene Sicherheit der Kompetenz in den zu besprechenden Fragen betrifft. Stets war er meiner unsicher hinsichtlich meiner »Linientreue«. Stets wußte ich um seine Feigheit und im Laufe der Jahre um seine zunehmende Handlungsunentschlossenheit. Wie ganz anders war da mein Verhältnis zu Erich Honecker! Er erkannte meine besondere Kompetenz auf dem Gebiet der Analyse der Wirtschaft der kapitalistischen Länder voll an, und ich war im allgemeinen sehr vorsichtig, ihm gegenüber Themen anzuschneiden, auf denen ich ihm nicht kompetent erschien, außer um Genossen aus Schwierigkeiten zu helfen. Außerdem hatte ich natürlich große Freude an der Achtung, die er stets, auch wenn er unzufrieden mit meinen Auffassungen war, vor mir als Genosse hatte – eine Achtung, die Hager niemandem gegenüber hatte. In meine Gespräche bei Hager ging ich stets in der Erwartung, auch kluge Gedanken zu hören, aber ohne jede Illusion über entsprechende Handlungen seinerseits.

Doch, nein, ein anderer Abschluß ist notwendig. In der Ausgabe vom 11./12. Dezember 1989 brachte das ND einen Bericht über die Tagung des ZK, auf der als einziges altes Politbüromitglied Kurt Hager echte Selbstkritik geübt und sich der Feigheit, der Überheblichkeit der Sowjetunion (die Anti-Gorbatschow-Linie) und der Entfremdung unserem Volke gegenüber bezichtigt hatte. Man kann sich meine Begeisterung vorstellen. Endlich eine leninistische Selbstkritik, wie sie sich von allen Politbüromitgliedern gehört hätte! Und sogleich schrieb ich an ihn, mich der Zeit unserer Freundschaft (und seiner und seiner Frau Decknamen) erinnernd:

»Lieber Kurt:

Ich freue mich über Deine Rede auf der ZK-Sitzung. So wie mich die Ereignisse in der Sowjetunion seit 1984 vielfach an meine Jugendeindrücke der Sowjetunion unter Lenin und nach seinem Tode bis an den Anfang der Dreißiger Jahre, als seine großen Schüler noch das Wort hatten, erinnern, so erinnert mich Deine Rede an meinen guten Freund Felix Albin vor 50 Jahren, der so mutig und klug und kritisch und ehrlich analysierte und sprach

– und von dem ich damals voraussagte, daß er einst Mitglied unseres Politbüros werden könnte.

Meine besten Wünsche für Käthe und Felix«

Doch dann geschah folgendes: Seine Selbstkritik ernst nehmend, schrieb ich, wie heruntergekommen er doch ist. Am Tag darauf ein Anruf seiner Schwiegertochter Regina, ich möchte doch diesen Vorwurf zurücknehmen, das können man doch nicht sagen. Hager ließ mich wissen, daß er empört über mich wäre.

Mir war das Ganze unverständlich, denn selbstverständlich traf seine Selbstkritik doch das Politbüromitglied der letzten Jahrzehnte, aber doch nicht den jungen Kurt Hager, der wahrlich nicht feige war, wahrlich die Sowjetunion bewunderte, wahrlich den Menschen Unten nahestand. Also war er doch seit seiner Jugend heruntergekommen, und zwar nach seiner eigenen Formulierung.

Sodann hörten wir nichts mehr voneinander bis zum August 1991, als folgender Briefwechsel zwischen uns stattfand:

»Werter Gen. Hager: 23.August 1991

Ich erhielt in einem Kuvert mit Deinem Absender antikommunistische Literatur. Ich möchte Dir nur sagen, daß ich an diesen Schwindel nicht glaube.«

»Werter Jürgen Kuczynski: 27.August 1991

Ich erhalte oft antikommunistische Hetzschriften und Morddrohungen (›Unsere Kampfhunde werden Dich zerfleischen‹, ›Schade, daß wir Dich nicht umgebracht haben!‹)

Die Adressen der Absender sind fingiert, manchmal werden Namen von Bekannten benutzt. Es ist anzunehmen, daß diese nazistische ›Politische Kultur‹ sich noch verstärkt.

Kurt Hager.«

Urgroßvater, Du hast über vier Politbüromitglieder berichtet, wie du mit ihnen gestanden und was Du von ihnen gehalten hast. Drei von ihnen leben nicht mehr. Aber während wir uns unterhalten, stehen Kurt Hager und andere als Angeklagte, als Verbrecher vor Gericht. Heute weißt Du sicher mehr über ihre Tätigkeit als damals, als Du sie öfter sahst. Hältst Du sie nach allem, was Du heute über sie weißt, auch für Verbrecher?

Ja, ich halte sie alle, mit Ausnahme von Wilhelm Pieck, für Verbrecher. Aber nicht auf Grund von neuen Tatsachen, die ich über sie im Laufe der Zeit bis 1989 erfahren und deren Bedeutung ich jetzt erkannt habe. Mein Urteil über sie hat sich auch ohne neue Tatsachen grundlegend geändert.

Aber ich halte sie aus ganz anderen Gründen für Verbrecher als das Gericht, weil sie sich nämlich für allwissende, keine Fehler machende Götter hielten, voller Verachtung für die Meinungen einfacher Menschen, voller Verachtung für die Meinungen der Intelligenz. Wer eine andere Meinung als die ihre äußerte, stand in Gefahr, verfolgt zu werden, sei es, daß sie ihre Stellung verloren, ihre Schriften nicht mehr verlegt werden durften oder sie gar ins Gefängnis oder Zuchthaus kamen bzw. des Landes verwiesen wurden. Es fehlte ihnen Oben jedes Solidaritätsgefühl mit den Menschen der Gesellschaft, in der sie Befehlfunktionen einnahmen. So wie der Gott der Juden, Christen und Mohammedaner konnten sie nicht irren, aber im Gegensatz zu diesem Gott hatten sie kein Gefühl für die Menschen, denen sie die Richtung des Denkens vorschrieben und Befehle gaben. Ihre Haltung war genau die entgegengesetzte von Lenin, vielmehr im Grunde die von Stalin, auch noch in den Jahren nach dem »Sturz« von Stalin. Sie waren alles andere als Kommunisten, wie Marx und Engels und Lenin gewesen waren.

Ich will Dir eine Geschichte erzählen, die ich mit dem Politbüromitglied Paul Merker erlebt habe. Paul und nicht weniger seine Frau Grete waren Jahre hindurch gute Freunde von mir. Während ich Lotte Ulbricht mochte, obwohl sie eine Intrigantin, aber mit einer wundervollen »Berliner Schnauze«, war, während ich mit Margot Honecker, die klüger als Erich, aber weniger herzlich war, und die ich vor ihrer Heirat noch als eifrige Pionierleiterin kannte, bald gut, bald weniger gut stand, war es immer eine Freude für mich, Grete Merker zu sehen.

Paul kannte ich eine wenig vor 1933. Erst in der Emigration wurde ich mit ihm als Politbüromitglied und in gewisser Weise meinem Vorgesetzten besser bekannt und im Laufe der Zeit wirklich gut befreundet. Paul war nämlich innerhalb der Auslandsabteilung der Partei in Paris während der ganzen Zeit, in der ich sie aufsuchte, für die Gruppe der deutschen Genossen in England verantwortlich und so meine offizielle Verbindung zur Parteiführung. Paul strahlte Ruhe und Sicherheit aus. Oft saßen wir uns in fast behaglicher Aussprache in irgendeinem Café gegenüber, und da wir beide gerne Zigarren rauchten, die in Frankreich schlechter, aber billiger als in England waren, zog Paul nach einiger Zeit sein Etui heraus und bemerkte: »Da ich weniger Geld habe als du« (was gar nicht stimmt) »und da ich mein weiches Herz kenne, habe ich vorsichtigerweise nur eine Zigarre für mich eingesteckt.«

Als Frankreich überrannt worden war, konnten Paul, Grete und andere Genossen nach Mexiko fliehen. Der Kontakt mit ihm blieb eng und wurde für mich immer wichtiger, als ich, wie schon erwähnt, nach 1941 politische Schwierigkeiten mit der Führung der Partei in England unter Kurt Hager, Wilhelm Koenen und Heinz Schmidt bekam. Paul war völlig auf meiner Linie und polemisierte auch offen mit dieser Gruppe, leider ohne jeden Erfolg. In einem Brief vom 11. Februar 1945 schrieb ich ihm: »Deine Bemerkungen zeigen, daß, wenn Du auch dreitausend Meilen fort bist, so ist Deine taktische Einsicht doch so, als ob Du mit mir im gleichen Raum säßest und die Geschehnisse in einer Entfernung von zehn Zentimetern beobachtest hättest ... Diese Genossen haben praktisch alles abgeschrieben, alles, was gut an deutscher Tradition war, darum sind sie über jeden Hinweis darauf böse, was alles die Opposition in den letzten zwölf Jahren getan hat, darum haben sie keinen Glauben an Aktionen heute und haben aufgegeben, zu solcher Aktion aufzurufen; sie sind kühle Beobachter statt heißer Kämpfer ... Alle diese Leute betrachten Dich und ›Freies Deutschland‹ als Stütze für Illusionen, die gefährlich sind, und als Nationalisten, die nichts aus den Ereignissen der letzten Jahre gelernt haben.«

Ach, wie gut standen wir damals trotz der großen Entfernung, die uns trennte, miteinander, und wie gern habe ich nach 1989 unseren damaligen Briefwechsel veröffentlicht.

Und genau so gut standen Paul, Grete und ich, als er aus dem Exil zu uns nach Deutschland zurückkehrte. Nach einiger Zeit veröffentlichte er ein Buch in der DDR und bat mich, eine Besprechung zu schreiben, was ich natürlich gerne tat. Sie war, wie zu erwarten, sehr positiv. Ich sandte sie ihm, falls er bestimmte Aspekte stärker betont haben wollte, zur Durchsicht. Gleich am nächsten Tag ein Anruf von seiner Sekretärin, daß er mich sprechen wollte. Weshalb? Auf den drei Seiten war ein einziger kritischer Halbsatz. Er fuhr mich an, ob ich nicht begreife, daß das das Buch eines Politbüromitgliedes sei, dessen Erscheinen vom Politbüro gebilligt worden sei – und da gäbe es nichts zu kritisieren. Seitdem haben wir kein Wort mehr gewechselt. In dieser Zeit trennte sich auf Grund seines Charakterwandels auch Grete von ihm.

Nicht lange danach wurde er unter völlig falscher Anklage aus dem Politbüro, dem ZK und der Partei herausgeworfen, kam zeitweise auch in Haft, nach der er halb begnadigt wurde. Ich hatte nicht das mindeste Mitleid mit ihm und billige auch heute in keiner Weise die Artikel, die nach 1989 über ihn als Märtyrer erschienen, ohne sein vorangehendes Gehabe zu erwähnen. Aber die wundervolle Grete kehrte zu ihm, als er in Ungnade war, zurück. So sehr ich Grete damals wie heute für ihr Verhalten verehre, so wenig habe ich an meinem Verhalten, das dem Ihren so gegenteilig war und ist, auszusetzen.

Ich hoffe, Du verstehst, warum ich Dir die Geschichte von Paul Merker und mir erzählt habe. Unser Krach ging harmlos für mich aus – aber Du erkennst die ganze Frechheit, die ganze Unverschämtheit, die unmögliche Überheblichkeit der Politbüromitglieder. Ich hoffe, Du verstehst nun auch, warum ich sie deshalb Verbrecher nenne.

Aber glaube deshalb unter keinen Umständen, daß ich die Prozesse für irgendwie gerecht halte. Warum nicht? Weil sie im Namen von Verbrechern anderer Art geführt werden. Oder glaubst Du etwa, ich halte eine Regierung wie die in Bonn nicht für verbrecherisch, wenn sie nichts, aber auch absolut nichts gegen eine Verbannung von über 4 Millionen Arbeitslosen und annähernd einer Million Obdachlosen aus der Gesellschaft tut?

Damit will ich gleich feststellen, daß die Regierung in Bonn meiner Ansicht nach nicht verbrecherischer handelt als etwa die französische oder die englische Regierung, die alle nichts gegen diese schlimmsten Übel in der gegenwärtigen Gesellschaft der am weitesten entwickelten Länder tun. Und wenn Du mich fragst, warum ich hier die größte und politisch stärkste, wirtschaftlich am weitesten entwickelte Macht mit ihrer Regierung nicht nenne, dann aus einem erschreckend verrückten Grund: Die US-Regierung kämpft gegenwärtig gegen ein Programm des Parlaments, das noch viel wütender gegen das Volk gerichtet ist als es die Regierungen und Parlamente der anderen hier genannten Länder sind.

Unter allen Politbüromitgliedern von 1989 kenne ich nur zwei, die sich wirklich gewandelt haben: Schabowski und Krenz. Schabowski zeigt in seinem Auftreten nicht das geringste echte Schuldbewußtsein seiner Vergangenheit gegenüber, sondern tritt frech und arrogant mit den genau entgegengesetzten Meinungen von früher in der Öffentlichkeit auf. Eine Wandlung vom Saulus zum Paulus. Ganz anders Krenz. Als ich bei einer Veranstaltung neben ihm saß, fragte ich ihn, ob er schreibe. Und seine Antwort: »Weißt Du, ich muß immer noch die und meine persönliche Vergangenheit verdauen, ich muß noch viel nachdenken, bis ich zum Schreiben komme.«

Auch er war natürlich bis 1989 ein Verbrecher, aber er ist der einzige, bei dem ich echte Reue erkenne, der wenigstens begonnen hat, zu begreifen, wer er war und was er angerichtet hat. Ich kenne die Erinnerungen von Kurt Hager nicht und kann nur hoffen, daß sie in der Verfassung geschrieben wurden, in der er seine Selbstkritik geübt hat, und nicht in der, in der er empört war, als ich von ihm schrieb, daß er heruntergekommen wäre.

Im übrigen möchte ich damit abschließen, daß die Verbrecher unseres Politbüros um einige Grade unter den Verbrechern in der Sowjetunion und in den anderen sogenannten realsozialistischen Ländern rangieren.

Dazu noch eine lustige Geschichte, die hierher gehört. Auf einer Veranstaltung, ich glaube Anfang Dezember 1989 oder Anfang Januar 1990, saßen nach den Reden und der Diskussion Willy Brandt, Rudolf Augstein und ein bekannter fortschrittlicher Pfarrer zum Abendbrot zusammen mit mir an einem Tisch. Nach einer Weile begannen wir uns Witze zu erzählen. Als ich einen erzählen wollte, unterbrach mich Willy Brandt und sagte: »Ach Herr Kuczynski, die Geschichte ist so wunderschön, erlauben Sie mir doch, sie zu erzählen«, worauf ich höflicherweise ihm das Wort überließ. Die Geschichte, um die es ging, ist die folgende:

»Sobald Handwerker in den Himmel kamen, hatte Petrus, der sie stets am Eingang empfing, immer irgendwelche Arbeiten für sie. Eines Tages aber stand an der Himmelspforte ein Psychiater. Petrus war hemmungslos begeistert, umarmte ihn und sagte: › Sie müssen sofort zum lieben Gott gehen, der bildet sich seit einiger Zeit ein, Ceausecu (der Generalsekretär der Kommunistischen Partei Rumäniens) zu sein.‹«

Eine schöne Geschichte, nicht wahr – und ach so treffend!

Urgroßvater, Du betonst des öfteren, daß einzelne Mitglieder der Parteiführung Dich oder Dein Institut oder eine Deiner Veröffentlichungen »gerettet« haben, und scheinst damit immer noch ganz zufrieden zu sein. Aber ist denn dieses Gnade-Ungnade-Problem nicht auch ein Ausdruck der furchtbaren Zustände gewesen, der persönlichen Abhängigkeitsverhältnisse? Und was meinst Du in diesem Zusammenhang zu der Behauptung des Philosophen Adorno, es sei unmöglich, im falschen Leben ein richtiges zu führen?

Ach, was für eine interessante und kluge Frage! Natürlich ist ein Gnade-Ungnade-Verhältnis ein Ausdruck furchtbarer Verhältnisse. Aber, mein Guter, Du mußt Dir klar darüber sein, daß Gnade-Ungnade-Verhältnisse, insbesondere für die Intelligenz, seit der Zeit der Sklaverei, seit vielen Jahrtausenden herrschen. Und zwar nicht nur Gnade-Ungnade bei den Herrschenden, sondern in der ganzen herrschenden Klasse. Ich hatte Dir zuvor von Anaxagoras erzählt, dem alle Gnade seines Freundes und Herrschers Perikles nichts gegen die Ungnade der Bürger Athens halfen. Oder denke an den großen römischen Dichter Ovid, der vom Kaiser Augustus in eine schlimme Gegend Osteuropas verbannt wurde. Das ganze Mittelalter ist voll von Geschichten von Gnade und Ungnade, die die Päpste und ihnen untergeordnete hohe Kirchenfürsten der religiösen wie der kleinen weltlichen Intelligenz, aber auch weltlichen Adligen, Landesherren und anderen Feudalherren gegenüber ausübten.

Ja, und dann denke an die wunderbare Intelligenz der Renaissance! Kannst Du mir eine einzige unter ihren hervorragenden

Gestalten, sei es Wissenschaftler, Dichter oder Künstler, nennen, der nicht mal in Gnade, mal in Ungnade war? Ich fürchte, ich kann Stunden warten, bist Du einen findest, und wahrscheinlich hast Du dann auch noch unrecht.

Genau das ist doch kennzeichnend für alle »modernen« Gesellschaftsordnungen von der Sklavenhaltergesellschaft bis zum Kapitalismus, daß Gnade und Ungnade solch eine große Rolle, insbesondere für hervorragende Denker und Künstler spielen.

Ja, und dann darfst Du nicht jene Fehlentwicklung vergessen, die ebenfalls seit vielen Jahrtausenden eine Rolle spielt: Die Bürokratie. Eine Bürokratie ohne Gnade und Ungnade ist undenkbar. Und zwar von ganz Oben bis auf die vorletzte Stufen Unten, von der aus Gnade und Ungnade gegenüber der letzten Stufe funktionieren. In welcher Gesellschaftsordnung aber hat die Bürokratie keine große Rolle gespielt?!

Und neben der »zivilen« Bürokratie spielt die »bewaffnete«, sei es Militär oder Polizei oder ähnliche Organisationen, eine große Rolle für die »Gnade-Ungnade-Herrschaft«.

Am intensivsten ist die Rolle von Gnade-Ungnade wohl in der Politik, innerhalb von Parteien. Je stärker und dauerhafter die politische Macht in den Händen einer politischen Partei ist, desto stärker und ausgedehnter auch ihr bürokratischer Apparat, desto größer die Rolle von Gnade und Ungnade.

Das ist auch der Grund, warum Gnade-Ungnade eine solche Rolle in den Ländern des »realen Sozialismus« gespielt haben und heute noch etwa in China oder Nordkorea spielen. Ich habe alle »realsozialistischen Länder« Europas mit Ausnahme von Albanien besucht. In allen hatte ich gute Freunde, vor allem natürlich innerhalb der Intelligenz. Bei keinem Besuch erfuhr ich nicht von Kollegen oder auch Freunden, ob sie in Gnade oder Ungnade waren. Das war selbstverständlich, daß man das erfuhr, wenn man es nicht schon vorher wußte. Natürlich habe ich auch Freunde in Ungnade besucht – etwa Varga oder Lukacs oder Tjulpanow. Genau wie ich, wenn ich in Ungnade war, von einigen Freunden aus anderen »realsozialistischen« Ländern besucht wurde. Auch war es keineswegs unüblich, wenn man einen Freund in einem anderen Land besuchte, zu fragen: »Wie ist augenblicklich deine Position?«, das heißt »bist du in Gnade oder Ungnade?«

Aber ich wette mit Dir: Eine solche Frage stellte man auch in der Renaissance oder im antiken Griechenland. Und meinst Du, um an das Schlimmste der Ungnade zu denken, daß es einen großen Unterschied machte, ob man in der Sowjetunion erschossen oder im Mittelalter verbrannt oder in ganz frühen Zeiten gesteinigt wurde?

Ich habe Deine Frage klug und interessant genannt. Aber nicht so sehr wegen ihres ersten Teils. Der ist doch im Grunde rührend naiv und zeigt, daß Du wenig Ahnung, insbesondere von der Geschichte der Intelligenz in den letzten paar tausend Jahren hast. Interessant und klug ist der letzte Teil Deiner Frage.

Dieser letzte Teil bestätigt im Grunde die Lehre von Marx und Engels und Lenin, daß man erst im vollendeten Sozialismus bzw. Kommunismus ein »richtiges Leben« führen kann.

Auch Christus war der Ansicht, daß man hier auf Erden – für ihn gab es natürlich nicht die großartige Gesellschaftsordnung des Sozialismus oder Kommunismus, sondern nur die des Himmelreichs – kein »richtiges Leben« führen kann. Darum riet er auch den Christen: Gebt dem Kaiser, was des Kaisers ist. Sicherlich hätte er dem römischen Kaiser Augustus keine Vorwürfe nachträglich gemacht, daß Ovid verbannt wurde.

Nein, ein »richtiges Leben« kann man in einer Klassengesellschaft, kann man in einer Gnade-Ungnade-Gesellschaft nicht führen. Wohl aber ein Leben, das weniger richtig oder mehr richtig ist. Und ich glaube, daß ich ein Leben, das mehr richtig ist, gelebt habe. Das ist die einzig entscheidende Frage, die ein alter, ein uralter Mensch sich heute stellen darf: Hast du ein leben geführt, das »mehr richtig« ist?

Das aber hat Adorno wohl nicht gemeint. Adorno war sich wohl sicher, ein richtiges Leben geführt zu haben.

Doch muß man auch folgendes sehen: In einer vollendeten sozialistischen oder kommunistischen Gesellschaft ein richtiges leben zu führen, ist eine Selbstverständlichkeit. In einer Ausbeutergesellschaft ein »mehr richtiges« Leben zu führen, erfordert menschliche Qualitäten, die nicht allzu häufig zu finden sind.

Urgroßvater, Du hattest mir im ersten »Dialog« gesagt, es sei bis 1939 gewissermaßen »klar« gewesen, daß Du »nach der Revolution« Wirtschaftsminister werden solltest. Und wenn Du dann noch ins Politbüro gekommen wärst? Meinst Du nicht, daß alle, die da reingekommen sind, »Verbrecher« werden mußten, daß das am »System« lag? Beide Worte seien in Anführungsstriche gesetzt, weil erstens auch die PB-Mitglieder besten Charakters (also zum Beispiel Wilhelm Pieck) in ihrer Funktion »Verbrecher« im Sinne der griechischen Tragödie waren: Unschuldig schuldig geworden, und zweitens doch auch die antiken Tragödiendichter kein System dargestellt haben, das verbrecherisch gewesen ist, sondern eine Welt, in der es, selbst unter den Göttern, bessere und miesere Charaktere gegeben hat.

A propos miesere Charaktere: Die hatte wohl auch Lenin im Sinn, als er davor warnte, eine Funktion solcher Machtfülle, wie die des Generalsekretärs, mit jemandem wie Stalin zu besetzen (wobei er ja im »Testament« niemand anderen nennen konnte). Er war also nicht gegen die Machtfülle als solche – aber wäre es nicht besser gewesen, gar nicht erst so machtvolle Funktionen zuzulassen?

Mein Guter, was für eine lange und für uns beide so wichtige Frage! Ja, es war bis 1945 klar, daß ich eine wichtige Funktion in der Wirtschaft einnehmen sollte. Und darum gab es auch den »Befehl« der Sowjetbesatzungsmacht, daß ich »Finanzminister« werden sollte. Aber der sowjetische Geheimdienst verhinderte das schließlich, weil er mich für eine besondere Aufgabe einspannen wollte.

Und nun zu Deiner Frage: Wäre ich auch so größenwahnsinnig geworden wie die anderen Politbüromitglieder, wenn es mit der Verteilung der Funktion geklappt hätte? Ich sage Dir klipp und klar und mit aller Deutlichkeit: Nein! Und woher nehme ich diese Gewißheit? Aus der Praxis meines Lebens.

Natürlich waren Institutsdirektoren an der Akademie der Wissenschaften nicht unfehlbar. Das waren nur Politbüromitglieder. Dennoch hatten sie eine beachtliche Machtfülle. Aber im Gegensatz zu anderen Direktoren habe ich niemals von dieser Machtfülle Gebrauch gemacht. Unser Institut war, wie ich wohl schon bemerkt hatte, eine »Insel der Freiheit« und von den einfachen Mitgliedern anderer Institute und erst recht von den Mitgliedern meines Instituts auch als solche anerkannt. Ja, darum auch bei so machen anderen Institutsleitern und den Bürokraten in der Akademie »verrufen«. Natürlich auch bei vielen im Parteiapparat.

Selbstverständlich ist das nicht in erster Linie mein persönliches Verdienst. Du darfst meine Herkunft nicht vergessen. 1945 lagen fast 200 Jahre »Familienherkunft« hinter mir. So viele linke Bürger aus der Intelligenz, von denen keiner Mitglied einer Partei war, alles »selbständige Einzelgänger«, alles der Bürokratie und damit der Rolle des »Vorgesetzten« unendlich ferne Gestalten. Und dann die Urgroßmutter! Sie hätte sich, genau wie Grete, die Frau von Paul Merker, schnell von mir getrennt, wenn ich mich zum »Herrscher« entwickelt hätte. Und dann auch die Kinder, die in einer so ganz anderen Atmosphäre aufgewachsen sind. Sie hätten sich ebenfalls zusammen mit der Urgroßmutter von mir getrennt. Ja, mein Vater, der, als ich vom Kind zum

Jugendlichen geworden war, sprach ganz offen mindestens zweimal mit mir über Fehler, die er gemacht hatte, und beriet sich mit mir, wie er sie wieder gutmachen könnte.

Nein, meine ganze persönliche Vergangenheit und Gegenwart machte es unmöglich, daß ich mich in dieser Richtung hätte entwickeln können.

Und das Beispiel von Lenin, der so offen von den »Dummheiten« sprach, die er begangen hatte. Darum konnte ich auch, bei aller falschen Verehrung, die ich für Stalin hatte, seinen Lehren nicht blind folgen und machte als einziges mir bekanntes Parteimitglied seine Verurteilung von Hegel und Clausewitz als »Reaktionäre« nicht mit.

Sicherlich wäre ich daher niemals Politbüromitglied geworden, und wenn durch irgendeinen Zufall doch, dann wäre ich bald in Ungnade herausgeworfen worden. Stets habe ich auch etwa gegenüber Ulbricht oder Honecker meine Selbständigkeit des Denkens behalten, wenn ich nicht mit ihnen übereinstimmte. Das heißt natürlich nicht, daß ich nicht oft ihrem falschen Denken gefolgt bin – aber nur, weil ich es nicht durchschaute.

Nein, ich war niemals der Mensch, der für eine Parteikarriere in der SED geeignet war, und das hatte man nach 1948, nach der Wandlung »Oben«, auch sehr klar erkannt.

Du vergleichst die Verbrecher des Politbüros mit den Verbrechern der griechischen Tragödien. Das ist meiner Ansicht nach falsch. Die griechischen Götter als Verbrecher sind Opfer, Verführte ihrer Zeit, ihrer Gesellschaftsordnung. Aber die Verbrecher des Politbüros behaupteten, Sozialisten bzw. Kommunisten und auch Schüler von Marx, Engels und Lenin zu sein. Das aber war bewußt oder unbewußt gelogen. Denn sie befahlen uns mit Recht, zum Beispiel Lenin zu lesen, sorgten auch dafür, daß uns seine Werke zu wirklich niedrigem Preis auf deutsch zugänglich waren, so daß wir von seiner Bescheidenheit, von seinen Eingeständnissen, »Dummheiten« in beachtlicher Zahl gemacht zu haben, lesen und lernen konnten. Nein, die Politbüromitglieder und ihre Nacheiferer im Apparat waren keine tragischen Verbrecher wie die der griechischen Antike. Ich sehe keine Tragik in ihren Gestalten. Auch nicht in ihrer Wandlung von relativ vernünftigen Menschen 1945 bis 1948 zu Verbrechern in der folgenden Zeit.

Wenn Lenin davor warnte, Stalin zum Generalsekretär zu machen, dann, weil er klar die schlimmen Entwicklungsmöglichkeiten dieses Charakters sah. Wenn er keinen anderen Vorschlag machte, dann nicht, weil er keinen anderen nennen konnte, sondern, und das ist wieder »echt Lenin«, weil er es für selbstverständlich hielt, daß das bestehende Politbüro eine eigene Entscheidung fällt.

Wenn Du fragst: »Wäre es nicht besser gewesen, gar nicht erst so machtvolle Funktionen zuzulassen«, so lautet meine Antwort: Die Position des Generalsekretärs war gar nicht so machtvoll zu Lenins Zeiten. Es kam durchaus vor, daß Lenin sich nicht im Politbüro durchsetzen konnte, daß er bei Abstimmungen in der Minderheit blieb. Und im Zentralkomitee gab es selbstverständlich stets Stimmen gegen das Politbüro, wenn es mit einem Beschluß in das Zentralkomitee kam und ihn zur Abstimmung vorlegte. Und das auch in der Zeit von 1917 bis 1921. Ach, und erst recht natürlich in der »Friedenszeit«, die folgte.

Und mit welchem Ernst verlangte Lenin, daß jedes Politbüromitglied, daß jedes Mitglied des Zentralkomitees sich »nach Unten« wandte, um die Stimme des Volkes zu hören. Wie oft sprach Lenin mit Unten, sei es, daß er nach Unten ging, oder sei es, was noch viel häufiger vorkam, daß die Menschen von Unten zu ihm »heraufkamen«. Wieviele Hunderte von Besprechungen hatte er mit Delegationen »einfacher Menschen«, die von Unten aus dem ganzen Lande zu ihm in seine Wohnung oder sein Büro kamen – wobei die Wohnung oft auch Büro war.

Natürlich genossen Lenin und Trotzki, Bucharin und Sinowjew und all die anderen Oben ein großes Ansehen. Aber nie wurden sie als allwissende Götter betrachtet, und keiner unter ihnen gab sich so bescheiden wie Lenin.

Und auch das möchte ich bemerken: Nie gaben sich unsere Politbüromitglieder als allwissend mir gegenüber. Ich möchte Dir da zum Abschluß eine »versöhnliche Geschichte« erzählen. Ich sprach schon von meinen Unterhaltungen mit Erich Honecker und Kurt Hager vor meiner Italienreise. Natürlich hatte ich auch ein Gespräch mit Hermann Axen, der im Politbüro verantwortlich für Außenpolitik war. Er hielt mir einen längeren Vortrag über die Situation in Italien; doch dann unterbrach er sich plötzlich und sagte: »Aber das weißt du ja alles ebenso gut wie ich, Jürgen.« Ein völlig unpassender, aber schöner Schluß meiner Antwort auf Deine Frage, nicht wahr?

Friedrich Engels schrieb 1895 in seiner Einleitung zu Marx' »Klassenkämpfe in Frankreich«: »Die Geschichte hat aber auch uns unrecht gegeben, sie hat unsere damalige Ansicht als Illusion enthüllt. Sie ist noch weiter gegangen: Sie hat nicht nur unseren damaligen Irrtum zerstört, sie hat auch die Bedingungen total umgewälzt, unter denen das Proletariat zu kämpfen hat ... Die Geschichte hat uns und allen, die ähnlich dachten, unrecht gegeben.«

Das bestätigt das, was Du, Urgroßvater, auch von Lenin gesagt hast: Große Geister geben Fehler und Irrtümer zu. Ist es aber heute im Gegensatz nicht so, daß alle Parteiführer – also mitnichten nur das SED-Politbüro – den Anspruch auf Allwissenheit und Unfehlbarkeit erheben?

Nein, mein Guter, Du hast unrecht. Natürlich halten sich alle Parteiführer für »allwissend«, natürlich meinen sie, daß sie klüger »als all die anderen« sind. Aber keiner traut sich, so aufzutreten wie Stalin oder andere Chefvertreter des »Realen Sozialismus«.

Nur »große Geister«, die es aber auch in niederen Funktionen gibt, sind bereit, sich vor sich selbst und anderen zu sagen, daß sie leicht Fehler begehen können und auch begangen haben. Selbstkritik, die Marx und Engels und Lenin immer wieder geübt haben, und die Lenin immer wieder von allen, die irgendeine führende Funktion inne haben, verlangt hat, ist eine unerläßliche Aufgabe für jeden von uns.

Und von dieser Selbstkritik ist wahrlich bei den führenden Politikern in der ganzen Welt und insbesondere in Deutschland gegenwärtig wenig oder gar übehaupt nichts zu bemerken. Das heißt aber nicht, daß sie, wie die führenden Gestalten im Realen Sozialismus, sich einbildeten und dies auch offen erklärten, überhaupt keine Fehler zu machen, wie es das Politbüro und seine Mitglieder in den Ländern des Realen Sozialismus taten.

Urgroßvater, Du bist doch Mitglied der Partei des Demokratischen Sozialismus (PDS). Wie stehst Du eigentlich zu dieser Partei, warum bist Du Mitglied in ihr geworden?

Zuerst zweierlei: Ich meine, im Gegensatz zu meinen Vorfahren bis zu meinem Urgroßvater, die alle links-politisch aktiv waren, ohne einer Partei anzugehören, daß man nur in einer Partei politisch wirklich und täglich aktiv sein kann. Darum bin ich Mitglied der PDS, auch wenn schon ihr Name völlig blödsinnig ist, denn einen undemokratischen Sozialismus gibt es nicht. Die »Undemokratie«, die ein Jahrzehnt nach dem Tode Lenins in der Sowjetunion und später in den sogenannten Realsozialistischen Ländern herrschte, hatte überhaupt nichts mit Sozialismus zu tun. Nie darfst Du vergessen, daß im »Kommunistischen Manifest« steht, daß »die freie Entwicklung eines jeden die Bedingung für die freie Entwicklung aller ist«.

Nie dürfen wir auch vergessen, was Engels am 18. Dezember 1889 in einem Brief an Gerson Trier, einen dänischen Lehrer und Führer der revolutionären Minderheit in der Sozialdemokratischen Partei Dänemarks, schrieb (MEW, Bd. 37, S. 328): »Es gehört zum Leben und Gedeihen einer jeden Partei, daß in ihrem Schoß gemäßigtere und extremere Richtungen sich entwickeln und selbst bekämpfen, und wer die extremeren kurzerhand ausschließt, befördert dadurch nur ihr Wachstum. Die Arbeiterbewegung beruht auf der schärfsten Kritik der bestehenden Gesellschaft, Kritik ist ihr Lebenselement, wie kann sie selbst der Kritik sich entziehen, die Debatte verbieten wollen?

Verlangen wir denn von andern das freie Wort für uns bloß, um es in unseren eigenen Reihen wieder abzuschaffen?«

Und in dieser Beziehung ist die PDS ganz großartig, bewußter noch dieser Lehre von Engels als die Sozialdemokratische Partei Deutschlands vor 1914, bewußter auch als die Bolschewiki unter Lenins Führung, auch wenn diese wundervolle, überaus kluge Meinungskämpfe entwickelte.

Ich selbst gehöre dem »Marxistischen Forum« innerhalb der PDS an, das zum »linken Flügel« der Partei gehört und in jeder Weise das Erbe von Marx und Engels zu bewahren sucht, ohne daß alle seine Mitglieder mit meiner so hohen Einschätzung von Lenin übereinstimmen.

Ja, in dieser Beziehung ist die PDS ganz großartig und wird es, hoffe ich, trotz einiger gegenteiliger Bestrebungen, auch bleiben. In dieser Beziehung bin ich ein restlos glückliches Mitglied der Partei.

Und auch in einer anderen Beziehung bin ich glücklich in der Partei. Unten, in den Kommunen, in den Bezirken großer Städte arbeiten so viele Genossen so aufopfernd konkret gegen die Übel unserer Gesellschaft, drunter so viele alte Genossen der ehemaligen SED (Sozialistische Einheitspartei Deutschlnads). Ich selbst bin leider zu alt dazu, spreche nur noch höchstens ein- oder zweimal im Monat »Unten«, schreibe jedoch laufend Artikel, auf die hin ich nicht selten Briefe von »Unten« bekomme. Ja, mein brieflicher Kontakt mit »Unten« ist nicht schlecht.

Abe wie steht es mit der Arbeit »Oben«, mit der Arbeit der führenden Genossen? Ich kenne einige von Oben recht gut, stehe mich mit ihnen gut und freundlich.

Da ist zum Beispiel Gregor Gysi. Von ihm weiß ich, seit er im Leib seiner Mutter strampelte. Seine Eltern, Irene und Klaus, waren seit 1946 gute Freunde von mir, sind es auch geblieben, nachdem sie sich getrennt hatten. Gregor habe ich in den folgenden Jahren selten gesehen, bis er an die Spitze der Partei trat. Ich halte ihn für einen brillanten Taktiker, wohl der bedeutendste in der Geschichte der deutschen Arbeiterbewegung. Aber er hat wenig Ahnung von Strategie. Ja, es fehlt der Partei überhaupt ein hervorragender Stratege. Und das führt dazu, so unglaublich das klingt, daß die Partei in dieser Zeit schlimmster Not unseres Volkes, kein konkretes Programm zur Beseitigung dieser Not hat, kein konkretes Programm zur Beseitigung der Arbeitslosigkeit, kein konkretes Programm zur Beseitigung der Obdachlosigkeit und so vieler anderer Übel.

Weißt Du, ich bin Mitglied des »Rats der Alten« in der Partei, einer Erfindung von mir und Mischa Wolf, dem ehemaligen Chef unserer Auslandspionage, mit dem ich gut stehe, der ein prächtiger Genosse ist. Nach dem Parteitag im Januar 1995 stand auf der ersten Sitzung des Ältestenrats eine kritische Diskussion dieses Parteitags. Auch ich sprach. In meinem Tagebuch steht:

»Am 3. war Ältestenrat. Lothar Bisky und Hans Modrow anwesend. Habe ganz scharf über die Unzulänglichkeit des Parteitages – er war das Thema unserer Sitzung – gesprochen. Sagte, daß ich 77 Jahre auf Parteitage zurückblicken kann. Habe noch keinen Parteitag erlebt, der so fern den Nöten und Sorgen der Bevölkerung, der Arbeit der Basis der Partei war, wie der letzte. 5 Millionen Arbeitslose und keine Diskussion des Problems, keine Vorschläge und Pläne zu ihrer Beseitigung. Das Gleiche gilt für die 1 Million Obdachlosen. Während des Parteitags rüsteten sich die Gewerkschaften zum Kampf gegen eine weitere Senkung der Reallöhne und Realgehälter. Keine Solidaritätserklärung mit ihnen. Dem Parteitag werden 10 Thesen einer Partei des Demokratischen Sozialismus vorgelegt, in denen das Wort Sozialismus nicht vorkommt. Dann 5 verbesserte Thesen, in die jedoch erst die Delegierten durchsetzen müssen, daß hereinkommt, daß wir gegen Anti-Kommunismus sind.

Sodann die ekelhafte Hetze der Parteispitze gegen Sahra Wagenknecht, wofür sie, wie die bürgerliche Presse mit Recht bemerkte, von den Delegierten ›eine Ohrfeige‹ durch die zahlreichen Stimmen für Sahra erhielt.

Engelberg hatte einen langen kritischen Brief betreffend theoretische Probleme an den Rat geschrieben.

Marguerite und Gretel waren, als ich ihnen davon erzählte, mit meinem Auftreten zufrieden.

Als ich früher fortging, nickten mir Lothar und Hans freundlich zu.«

Ja, Lothar Bisky kippt manchmal aus den Pantinen, aber zumeist ist er vernünftig. Ich mag ihn persönlich sehr gern und schrieb ihm nach dem Parteitag öfter, auch um ein Programm gegen die Arbeitslosigkeit zu erreichen. Vergeblich. Aber der zweite Teil des Parteitags im Januar 1996 war insofern konkreter, als er sich intensiv mit der Arbeit »Unten«, in den Kommunen, beschäftigte.

Hans Modrow ist eine prächtige Gestalt. Zu SED-Zeiten war er der einzige Parteisekretär eines Bezirks, der bescheiden lebte und nicht größenwahnsinnig dachte. In dieser Zeit suchte ich ihn einmal auf, nicht weil ich irgend etwas von ihm wollte oder ihm etwas Bestimmtes zu sagen hatte, sondern einfach weil ich diesen wunderbaren Genossen persönlich kennenlernen wollte. Immer ist es eine Freude, ihm zu begegnen.

Sahra Wagenknecht, die interessanteste Gestalt der »Kommunistischen Plattform« innerhalb der Partei, lud ich ein, nachdem sie nicht mehr in die Parteispitze gewählt worden war. Ihr Besuch, ebenso ein zweiter auf ihre Initiative hin, war eine wirkliche Freude. Ich stimme keineswegs mit allem, was die »Kommunistische Plattform« von sich gibt, überein, aber sie scheint mir doch ein wichtiger Teil der PDS, den ich unter keinen Umständen in ihr missen möchte.

Und nun ein Wort zu Jens-Uwe Heuer, der an der Spitze des Marxistischen Forums steht. Ich kenne ihn gut, da er Mitglied der gleichen Akademie-Klasse wie ich war, auch aus Besuchen mit seiner reizenden Frau. Ich arbeite gern unter seiner Leitung. Genau wie ich kann er auch Dummheiten machen – so ein Artikel von ihm, in dem er erklärte, Sozialist, aber nicht Kommunist zu sein.

Ist er etwa gegen das »Kommunistische Manifest«? Ich scheue mich nie, mich einen Kommunisten zu nennen, wie es Marx, Engels und Lenin taten.

Doch nun genug von führenden Genossen der Vergangenheit und Gegenwart, die ich in meinem Leben kennengelernt hatte und von denen ich, beginnend mit Kautsky, hier gesprochen habe. Ach wie alt bin ich geworden! Anfang Januar 1995 rief mich eine Filmgesellschaft mit der Bitte, mich sprechen zu dürfen, an – sie drehen einen Film über Walter Rathenau, und ich sei doch der letzte Überlebende, der ihn noch persönlich gekannt hat. Und am nächsten Tag rief Hanne Hiob, die älteste Tochter meines Freundes Brecht, an, sie habe in den nächsten Tagen über Rosa Luxemburg und Karl Liebknecht zu sprechen, und ich sei doch der einzige Überlebende im Lande, der Karl noch persönlich gekannt hat.

Urgroßvater, aus den Zwischentönen Deiner Antwort höre ich heraus, daß Du auch Probleme mit der PDS hast. Ihren traurigen Höhepunkt fanden sie, als Du im Gefolge der Enthüllungen über die Stasi-Mitarbeit von André Brie und Wolfram Adolphi als Mitglied des »Rates der Alten« zurücktreten bzw. Dich aus der Berliner Landesorganisation verabschieden wolltest. Wie siehst Du Deine damalige Reaktion heute?

Nicht die Enthüllungen über die Stasi-Mitarbeit dieser Genossen hat mich zu irgend etwas veranlaßt, sondern die Tatsache, daß Adolphi trotz dieser Enthüllungen wieder zum Vorsitzenden der Berliner PDS gewählt worden war, hatte mich dazu gebracht, die Parteiführung zu bitten, mich einer Parteigruppe außerhalb Berlins, vielleicht in Kleinmachnow, zuzuordnen. Und ähnlich war es mit André Brie, dem die Enthüllung ebenfalls nicht in seiner Funktion geschadet hatte. Ich finde das Verhalten der Parteiführung gegenüber diesen beiden Genossen damals auch heute völlig verfehlt. Das bedeutet aber nicht, daß ich heute, nach einiger Zeit Bewährung, wenn auch zeitweise in der falschen Funktion, nicht anerkennen kann, daß sie beide tüchtig in der Partei arbeiten.

Sage mal, Urgroßvater, sind Deine Ideen und Kritiken im »Rat der Alten« bei der PDS überhaupt gefragt? Was möchtest Du Gysi, Bisky, Brie etc. unbedingt auf den Weg geben?

Weißt Du, ich habe Deine Frage eigentlich gerade beantwortet. Aber ich will Dir erzählen, warum ich auf die Gründung eines »Rats der Alten« gekommen bin.

Im Jahre 1989, als ich 85 Jahre alt wurde, habe ich ein kleines Büchlein mit dem Titel »Alte Gelehrte« veröffentlicht, natürlich nicht mein wichtigstes, wohl aber mein mir liebstes Buch. Dort zeige ich, zumeist auch mit Zitaten von großen alten Gelehrten, was wir Alten noch im leben leisten können, ja was wir vielleicht besser leisten können als jüngere Gelehrte. Das Alter und seine Eigenheiten hat große Denker seit langem beschäftigt. Vor 2.000 Jahren schon schrieb Cicero sein Traktat über das Alter. Vor 126 Jahren sprach Jacob Grimm zu diesem Thema in unserer Akademie:

»Je näher wir dem Rande des Grabes treten, desto ferner weichen von uns sollten Scheu und Bedenken, die wir früher hatten, die erkannte Wahrheit, da wo es an uns kommt, auch kühn zu bekennen. Auf ihrem Verleugnen beruht der Fortbestand und die Verbreitung schädlicher und großer Irrtümer.«

Vergiß nicht: Schon in der Antike erzählte man gern von Greisen, die gewissermaßen oder auch faktisch mit dem Griffel in der Hand gestorben sind. Voller Freude vermerkt Cicero: »Es gibt auch ein sanftes und freundliches Alter, das einem ruhig und friedlich vollbrachten Leben zuteil wird, wie wir es z.B. kennen von Plato, der im 81. Jahre beim Schreiben gestorben ist, wie von Isokrates, der mitteilt, daß er die ›Panthenaicus‹ betitelte Schrift im 94. Jahre verfaßt habe, und noch fünf Jahre länger gelebt hat, während sein Lehrer Gorgias von Leontini es auf volle 107 Jahre brachte, ohne jemals in Studium und Arbeit, die sein Element waren, zu rasten.«

Und natürlich erzählt er auch die im Altertum so gern wiederholte Geschichte von Sophokles: »Sophokles hat bis in sein höchstes Alter Tragödien gedichtet. Da er aber darüber sein Hauswesen zu vernachlässigen schien, wurde er von seinen Söhnen zu Gericht geladen: die Richter sollten ihm das Verfügungsrecht entziehen, gleichwie nach unserer Sitte schlecht wirtschaftende Familienväter unter Kuratel gestellt zu werden pflegen. Da soll der Greis das Stück, welches er gerade unter den Händen und vor kurzem geschrieben hatte, den Ödipus von Colonus, den Richtern vorgelesen und gefragt haben, ob das die Dichtung eines Mannes schiene, der seinen Geist nicht mehr recht beisammen hätte. Und daraufhin wurde er durch den Richterspruch freigesprochen.«

Ja, und noch eine Geschichte von meinem alten Freund Varga, weil es mir genauso geht wie ihm: Ich kam zum Kaffee, doch er und die Genossin Varga behielten mich zum Abendbrot, und er sagte: »Wissen Sie, Genosse Kuczynski, neue Bücher finde ich immer langweiliger, wie anders geht es mir mit den Menschen! Und erst recht mit alten Freunden wie Ihnen.«

Zum Schluß noch eine wundervolle Geschichte: Als Harnack sein letztes kirchenhistorisches Seminar, das er 54 Jahre lang gehalten hatte, schloß, sprach für seine Schüler Dietrich Bonhoeffer, den die Faschisten später ermordeten, die schönen Worte: »Daß Sie unser Lehrer in vielen Stunden waren, ging vorüber; daß wir uns Ihre Schüler nennen dürfen, bleibt.« Welch schöne Abschiedsworte eines Schülers für seinen Lehrer!

Und nun denke an die Zusammensetzung der PDS. Ganz überwiegend Rentnerinnen und Rentner, alte Menschen. Wie oft aber glaubt man, das seien alte Leute aus alten Zeiten, die uns nichts mehr zu sagen haben. Genau das Gegenteil ist der Fall. Und darum war ich für die Gründung eines »Rats der Alten«.

Urgroßvater, erinnerst Du dich daran, was Du über Deine Zeit als Redakteur der »Roten Fahne« über Ernst Thälmann und zerbrochene Toilettendeckel geschrieben hast? Sollten die deutschen Linken heute auch wieder darüber nachdenken?

Ach, was für eine kluge und wichtige und aktuelle Frage! Ja, der Genosse Thälmann! Was hat er doch für unsinnige Fehler Moskaus und der Komintern mitgemacht! Und was hatte er doch gleichzeitig für einen gesunden Menschenverstand! Wie fern war er dem Volk so oft in seinen Theorien und wie nah gleichzeitig in seinen praktischen Worten! Er war der bestmögliche Lehrmeister eines kleinen Journalisten, der vorher wie wild theoretisch gedacht und geschrieben hatte. Du besinnst Dich, daß ich mit dem Entwurf meiner Doktorarbeit meinen Vater fast ermordet hätte. Er hatte begonnen, ihn bei einem frühmorgendlichen Bad zu lesen und war darüber in der Wanne eingeschlafen, wo ihn gottseidank noch meine Mutter, die ungeduldig auf ihn gewartet hatte, um endlich mit dem Frühstück zu beginnen, entdeckte und aufweckte. In Heidelberg hatte ich bei den Philosophen entdeckt, wie man nicht nur möglichst kompliziert denkt, sondern sich auch möglichst kompliziert ausdrückt. Und sechs Jahre nach der Fertigstellung der Doktorarbeit, fünf Jahre nach der Veröffentlichung meines ersten, wahrlich kompliziert geschriebenen Buches kam ich an die »Fahne«. Zwar hatte ich schon in den Vereinigten Staaten gelernt, mich einfacher auszudrücken, zumal es schwieriger ist, in der englischen und erst recht in der zum noch einfacheren Ausdruck neigenden amerikanischen Abwandlung des Englischen, elend kompliziert zu schreiben. Aber bisweilen kam der »alte Sprachgeist« wieder hoch. Und so hatte ich, als ich den Auftrag erhielt, einen Leitartikel über die Krise zu schreiben, mich mal wieder recht kompliziert und zu stark »rein rhetorisch« ausgelassen. Da, als ich fertig war, weder der Chefredakteur, Alexander Abusch, noch sein Stellvertreter, Albert Norden, anwesend waren, um den Artikel anzuschauen, schickten wir ihn rasch nach oben, zum Genossen Thälmann.

Bald bekamen wir meinen Artikel zurück. Ich berichte darüber in Band 1 meiner Memoiren (S. 228 f.): »Genosse Thälmann hatte ihn sich angesehen und darunter mit großer Schrift bemerkt: ›Zuviel zyklische Krise. Zuwenig zerbrochene Klosettdeckel.- Heute ist der Sinn dieser Kritik wieder unverständlich; damals aber begriff ich sie sehr wohl, und selten hat mir eine Kritik so gut getan, so viel für mein ganzes Leben genützt wie diese. Was wollte Genosse Thälmann sagen? Damals waren zerbrochene oder, noch öfter, splitternde Klosettdeckel in den Betrieben Grund für häufige Beschwerden der Arbeiter. Und die Gewerkschaftsvertreter sowie die Betriebsräte führten – im Gegensatz zu uns, die wir viel zu oft nur auf ›hoher politische Ebene‹ agitierten – einen vielfach erfolgreichen und von den Kumpeln wirklich geschätzten Kampf für ordentliche Klosettdeckel. Genosse Thälmann hätte natürlich ebenso gut schreiben können: zu theoretisch, zu wenig konkret. Aber ich bezweifle sehr, ob ich mir eine so formulierte Kritik gewissermaßen für mein ganzes Leben gemerkt hätte.«

In dieser Beziehung wünschte ich, der Genosse Thälmann säße wie früher noch oben im Karl-Liebknecht-Haus. Die Parteiführung der PDS verdient wahrlich oft genug, insbesondere bei Parteitagen, eine Ermahnung, wie ich sie vor 65 Jahren vom Genossen Thälmann erhielt: Denk an die täglichen Sorgen und Ärgernisse der Menschen Unten! Ich glaube, ich habe in meinen Schriften gezeigt, daß der Genosse Thälmann mich nicht umsonst gemahnt hat.

Doch mit der Sprache hatte ich etwa 10 Jahre später noch ein besonderes Erlebnis. Auch darüber berichtete ich in meinen Memoiren. Wenn man sich meine Veröffentlichungen von der ersten größeren Buchbesprechung zu Beginn der zweiten Hälfte der zwanziger Jahre in der »Finanzpolitischen Korrespondenz« bis 1942 ansieht, kann man zwei Etappen unterscheiden: Die erste ist die der »Pseudogelehrsamkeit« in der Sprache, das heißt, auch die vernünftigsten oder einfachsten Gedanken drückte ich äußerst »gelehrt«, geschwollen, nur für »Eingeweihte«, möglichst kompliziert aus. Die zweite begann in Amerika, wo ich gezwungen war, in einer Sprache zu schreiben, die ich nicht meisterte; jetzt lernte ich, mich einfach und klar auszudrücken. Das übertrug sich dann aufs Deutsche insofern, als ich alle Allüren der »Gelehrsamkeit« in der Sprache ablegte und in agitatorischen Artikeln einen lebhaften Stil entwickelte, der mir ganz natürlich kam.

1942 sollte ich einen Vortrag über die Verhunzung der deutschen Sprache durch die Faschisten vorbereiten. Je mehr ich mich in meine Aufgabe, die mir zunächst als ein Vortrag wie jeder andere erschien, vertiefte, desto bewußter wurde ich mir der sich daraus ergebenden Konsequenz für mich und alle Antifaschisten: der Rettung der deutschen Sprache. Waren die ersten Gedichtbände Bechers in der Emigration gewissermaßen ein literarisches Erlebnis für mich gewesen, so wurde die Wandlung im Becherschen Gedicht zur einfachen Schönheit jetzt ein großes Beispiel. Hinfort werde ich mich bemühen, nicht nur verständlich, sondern auch gut zu schreiben, und die folgenden, vom Kulturbund auf deutsch veröffentlichten Broschüren sind die ersten Produkte dieser dritten Etappe. Meine Bemühungen hatten später einen solchen »Erfolg«, daß Genossen, wenn sie ideologisch nicht mit mir übereinstimmten, meinten: »Diese Arbeit ist doppelt gefährlich, weil sie so gut geschrieben ist.«

Ich habe dieser Veränderung in meiner Schreibweise große Bedeutung beigemessen. Seitdem meine ich, daß es zum marxistischen Gesellschaftswissenschaftler gehört, auch ein Meister der Sprache zu sein. Und zwar aus Verbundenheit zur nationalen Kultur und vor allem aus publizistischen Gründen, um dem Gesagten größere Wirksamkeit zu verleihen – mit welchem Recht konnte ich mich dabei auf die Klassiker des Marxismus berufen, auf Marx, Engels und Lenin!

Im Gegensatz zu manchen freundlichen Kritikern meine ich von mir – mit wenigen Ausnahmen – bestenfalls ordentliches Mittelmaß erreicht zu haben, während im allgemeinen unter dem Mittelmaß geschrieben wird. »In allzu flachen Gegenden erscheint auch ein Hügel als kleiner Berg«, zitiere ich in solchen Fällen. Als Lehrer war ich später immer bemüht, meine Studenten zu einem ordentlichen Stil in der Sprache zu erziehen.

Manche Wissenschaftler haben Erfolg und werden gelesen trotz ihrer komplizierten Sprache, weil ihre Gedanken so wichtig sind – ich denke etwa an Hegel, zum Teil aber auch an Marx, im Gegensatz zu Engels. Immer wieder merkt man bei Marx, daß er ursprünglich ein Schüler von Hegel war. Andererseits werden manche Wissenschaftler wegen ihrer guten Sprache viel gelesen, obwohl sie nicht besonders gedankenreich sind.

Dagegen die Situation der Journalisten: Sie mögen unter

Umständen eine skurrile oder sehr »originelle« Sprache haben, aber diese darf trotz alledem nicht schwer verständlich sein, sonst werden sie nicht gelesen – und mit Recht.

Ich bin in meinem langen schreibenden Leben, mehr als 70 Jahre hindurch, beides gewesen. Ich habe als Wissenschaftler von meiner zweitklassigen Fähigkeit als Journalist profitiert und als Journalist von meiner zweitklassigen Fähigkeit als Wissenschaftler, so daß ich fälschlicherweise bei beiden Tätigkeiten bisweilen zu hoch eingestuft wurde.

Doch gibt es noch einen anderen Maßstab: Nennen wir ihn Nützlichkeit für den einfachen Menschen – und da kann man auch in der Doppelfähigkeit als zweitklassiger Wissenschaftler plus zweitklassiger Journalist besonders tüchtig sein.

Marx, der oft so elend kompliziert schrieb, konnte bisweilen ganz wundervoll formulieren. Denke etwa an folgende Stelle im »Kommunistischen Manifest«:

»Die Bourgeoisie hat in der Geschichte ein höchst revolutionäre Rolle gespielt.

Die Bourgeoisie, wo sie zur Herrschaft gekommen, hat alle feudalen, patriarchalischen, idyllischen Verhältnisse zerstört. Sie hat die buntscheckigen Feudalbande, die den Menschen an seinen natürlichen Vorgesetzten knüpften, unbarmherzig zerrissen und kein anderes Band zwischen Mensch und Mensch übriggelassen, als das nackte Interesse, als die gefühllose ›bare Zahlung‹. Sie hat die heiligen Schauer der frommen Schwärmerei, der ritterlichen Begeisterung, der spießbürgerlichen Wehmut in dem eiskalten Wasser egoistischer Berechnung ertränkt. Sie hat die persönliche Würde in den Tauschwert aufgelöst und an die Stelle der zahllosen verbrieften und wohlerworbenen Freiheiten die eine gewissenlose Handelsfreiheit gesetzt. Sie hat, mit einem Wort, an die Stelle der mit religiösen und politischen Illusionen verhüllten Ausbeutung die offenen, unverschämte, direkte, dürre Ausbeutung gesetzt.

Die Bourgeoisie hat alle bisher ehrwürdigen und mit frommer Schau betrachteten Tätigkeiten ihres Heiligenscheins entkleidet. Sie hat den Arzt, den Juristen, den Pfaffen, den Poeten, den Mann der Wissenschaft in ihre bezahlten Lohnarbeiter verwandelt.

Die Bourgeoisie hat dem Familienverhältnis seinen rührenden sentimentalen Schleier abgerissen und es auf ein reines Geldverhältnis zurückgeführt.«

Und auch Engels, der stets so einfach und unkompliziert formulierte, konnte, wenn er begeistert war, sprachliche Höhepunkte erreichen – etwa, wenn er über die großen Geister der Renaissance schrieb (MEW, Bd. 20, S. 312): »Es war die größte progressive Umwälzung, die die Menschheit bis dahin erlebt hatte, eine Zeit, die Riesen brauchte und Riesen zeugte, Riesen an Denkkraft, Leidenschaft und Charakter, an Vielseitigkeit und Gelehrsamkeit. Die Männer, die die moderne Herrschaft der Bourgeoisie begründeten, waren alles, nur nicht bürgerlich beschränkt. Im Gegenteil, der abenteuerliche Charakter der Zeit hat sie mehr oder weniger angehaucht. Fast kein bedeutender Mann lebte damals, der nicht weite Reisen gemacht, der nicht vier bis fünf Sprachen sprach, der nicht in mehreren Fächern glänzte. Leonardo da Vinci war nicht nur ein großer Maler, sondern auch ein großer Mathematiker, Mechaniker und Ingenieur, dem die verschiedensten Zweige der Physik wichtige Entdeckungen verdanken; Albrecht Dürer war Maler, Kupferstecher, Bildhauer, Architekt und erfand außerdem ein System der Fortifikation, das schon manche der weit später durch Montalembert und die neuere deutsche Befestigung wieder aufgenommenen Ideen enthält. Machiavelli war Staatsmann, Geschichtsschreiber, Dichter und zugleich der erste nennenswerte Militärschriftsteller der neueren Zeit. Luther fegte nicht nur den Augiasstall der Kirche, sondern auch den der deutschen Sprache aus, schuf die moderne deutsche Prosa und dichtete Text und Melodie jenes siegesgewissen Chorals, der die Marseillaise des 16. Jahrhunderts wurde. Die Heroen jener Zeit waren eben noch nicht unter die Teilung der Arbeit geknechtet, deren beschränkende, einseitig machende Wirkung wir so oft an ihren Nachfolgern verspüren. Was ihnen aber besonders eigen, das ist, daß sie fast alle mitten in der Zeitbewegung, im praktischen Kampf leben und weben, Partei ergreifen und mitkämpfen, der mit Wort und Schrift, der mit dem Degen, manche mit beidem. Daher jene Fülle und Kraft des Charakters, die sie zu ganzen Männern macht. Stubengelehrte sind die Ausnahme; entweder Leute zweiten und dritten Rangs oder vorsichtige Philister, die sich die Finger nicht verbrennen wollen.«

Sei nicht böse, daß ich so ausführlich zitiert habe. Aber bist Du nicht auch begeistert von dieser Sprache, begeistert auch über die Anerkennung der großartigen Kulturleistungen der Bourgeoisie oder über die echte Bewunderung für Martin Luther – aus der Feder von Marx und Engels!

Zwei Musterbeispiele wissenschaftlicher und sprachlicher Leistung! Zuviel von der Sprache gesagt, zuwenig vom »zerbrochenen Klosettdeckel«? Du hast recht. Die Sprache ist so wichtig, ja sie ist oft wichtiger als der Inhalt, wenn Du etwa die Reden von Mirabeau während der Großen Französischen Revolution denkst, die das Parlament, die die Volksmassen hinrissen, auch wenn ihr Inhalt oft recht kümmerlich war.

Entschuldige, Urgroßvater, daß ich Dich unterbreche. Aber hast Du nicht auch darunter gelitten, wenn Du Ulbricht oder Honecker sprechen hörtest? Diese unsägliche Aneinanderreihung von Phrasen und Floskeln, und das auch noch mit beschämender Rhetorik! Und heute ergeht es mir nicht viel anders, wenn ich Politiker aus Bonn reden höre. Wenn man genauer hinhört, kommen aus deren Mund fast immer nur die gleichen Sprechblasen. Ist das eine Berufskrankheit von Politikern? Denken die wirklich so, wie sie sprechen? Oder was wollen sie verheimlichen?

Du hast recht von der Mittelmäßigkeit, ja Jämmerlichkeit der Reden der meisten Politiker in der DDR und heute in der BRD zu sprechen. Aber das liegt nicht an dem oft so bedeutungslosen Inhalt ihrer Reden. Ganz im Gegensatz etwa zu Frankreich legt man seit Jahrzehnten schon bei der Erziehung junger Menschen bei uns wenig Wert auf ihre rhetorische Ausbildung. Das war noch anders an unseren Universitäten und auch im Parlament im 19. Jahrhundert und im ersten Drittel unseres Jahrhunderts. Übrigens kannst Du genau das Gleiche beim Stil im Schreiben beobachten.

Aber kommen wir nun zum Inhalt, zum Klosettdeckel zurück. Wieviele Reden der Linken heute beschäftigen sich klug mit der »Welt im allgemeinen«, die ja wahrlich traurig ist. Aber sie sprechen den einfachen Menschen nicht an, weil sie so unkonkret sind, weil sie die Sorgen des Alltags übergehen.

Ja, der Prozentsatz der Arbeitslosigkeit ist hoch und erschreckend. Aber den einzelnen Arbeitslosen trifft viel mehr, als daß er nicht seinen regelmäßigen Lohn, also Finanzsorgen hat. Finanzsorgen zerstören so oft die Familie, die Ehe, die Beziehungen zu den Kindern, zu den nächsten Verwandten. Arbeitslosigkeit führt zu Isolierung, zu hoffnungslosem Vorsichhinbrüten, zu Lebensunlust. Arbeitslosigkeit schließt so viele aus der Gesellschaft und damit aus der Menschheit aus.

Oder denke an den Obdachlosen. Er hat nicht nur kein Dach über dem Kopf, auch keine vier Wände um sich, die ihm Stunden des friedlichen, ruhigen Wohlseins, die ihm fruchtbare Stille garantieren. Er treibt ziellos durch die Stadt und durch das Leben.

Beide, Arbeitslosigkeit und Obdachlosigkeit zerstören das Leben in tausend Einzelheiten – und wo kannst Du ganz konkrete Schilderungen davon lesen, wer spricht und schreibt davon, in allen Details, ganz lebensnah? Viel zu wenige!

Ja, denke stets an den zerbrochenen Klosettdeckel, sehe stets die Leiden der Menschheit ganz konkret vor Dir. Versetze Dich stets in das alltägliche Leben der von den Qualen des Kapitalismus verfolgten Menschen.

Und mehr! Überlege auch, wieviele Menschen diese Qualen schon gar nicht mehr empfinden. Sie sind abgestumpft, sie sind geistig versumpft. Sind sie überhaupt noch Menschen?

Ja, und noch eine Frage: Was sind das für Menschen, die ihre Umwelt so wenig kennen, daß ihnen all das nicht bewußt ist? Muß man nicht auch so viele Linke ermahnen, besserer Menschen durch bessere Menschenbeachtung zu werden?

Eine schreckliche Frage, nicht wahr?

Urgroßvater, Du hast recht, man muß das Leben Unten kennen, wenn man zum Volk sprechen und von ihm verstanden werden will. Hast Du das gekonnt?

Ja, ich glaube ja! Und ich bin riesig froh darüber, ja vielleicht ist das die wichtigste und zugleich vergänglichste Leistung meines Lebens.

Vergänglich? Natürlich, denn wer wird die Tausende von Briefen noch lesen, die ich nach Artikeln und Vorträgen erhalten habe, so viele von Menschen, die ich gar nicht kenne, die mir geschrieben haben, daß ich ihnen wieder Mut zum Leben gegeben habe oder ihnen dies oder jenes verständlich gemacht habe, oder die mir auch widersprachen, woraus ich wieder manches gelernt habe.

Und die großartigen Diskussionen, die es nach meinen Vorträgen gab! Stets waren sie lebendig und voller Anregung für uns alle, die wir sie hörten.

Und wieviele Menschen kamen zu meinen Vorträgen! Oft Hunderte. Denn ich sprach stets offen und kritisch, seit 1985 stets auf der »Gorbatschow-Linie«. Ich war etwa ein Jahrzehnt Abgeordneter der Volkskammer – bis 1958. Oft saß ich neben der klugen Rosa Thälmann, die wahrlich Sinn für Klosettdeckel hatte. Oft nannte sie mich »unseren weißen Raben« unter den Abgeordneten, eben weil ich »konkret« sprach. Später erfuhr ich, daß der Parteisekretär des Bezirks Rostock, für den ich eine Zeitlang Abgeordneter des Kulturbundes war, die Anordnung gegeben hatte: Für Versammlungen mit Kuczynski als Redner nur kleine Räume nehmen! Noch später verbot sogar der

Parteisekretär des Bezirks Suhl, mich zu Versammlungen als Redner einzuladen, weil ich nicht »parteitreu« genug sprach.

Wie oft haben die Menschen bei meinen Reden gelacht! Und nachher, wenn die Versammlung zu Ende war, wieviele haben mich dann noch angesprochen, um mir dies oder jenes auf den Weg zu geben. Und vorher – so oft mußte ich mich 10, 15 Minuten vor Beginn der Versammlung an den Vortragstisch setzen, weil so viele Besucher Bücher von mir mitgebracht hatten, die sie signiert haben wollten.

Und wieviele haben mich zu hause aufgesucht, um mir von ihren Sorgen zu erzählen! So viele vorher mir völlig Unbekannte: Schüler und Studenten, Arbeiter und Angestellte, Künstler, Schriftsteller, Wissenschaftler, auch besorgte Parteifunktionäre.

Wie sollte ich da nicht »Bescheid wissen«, wie es Unten zugeht. Zumal auch in meinem Institut alle Vertrauen zu mir hatten und mit ihren Sorgen auch zu »ihrem Direktor« kamen.

Dazu die Urgroßmutter, die genau wie ich ein waches Auge auf das tägliche Leben der Menschen hatte und mitten in ihm stand. Dazu unsere wahrlich kritischen Kinder.

Auch muß ich Dir sagen: Ich habe oft in meinem Leben hungern müssen. Während des Ersten Weltkieges war mein Vater im Ernährungsministerium tätig und verbot meiner Mutter, irgendetwas auf dem Schwarzen Markt zu kaufen. Noch heute wird mir schon beim Anblick von Kohlrüben übel. Dann in der Inflationszeit als Student: Wie oft wählte ich einen Bücherkauf gegenüber zwei, drei Mittagsmahlzeiten!

Wie bescheiden lebten Deine Urgroßeltern auch in der Zeit meiner drei Jahre illegaler Arbeit in Deutschland. Natürlich brauchte ich nie zu hungern, weil die Urgroßmutter als Französin gelernt hatte, wundervolle billige Mahlzeiten zu kochen.

Wenn wir mehrmals hintereinander Erbsen aßen, dann schmeckten sie jedoch jeden Tag anders. Aber wie bescheiden wir leben mußten, kannst du daran erkennen, daß wir einmal plötzlich kein Geld mehr hatten, und als wir unsere Ausgaben in den vorangehenden Wochen überprüften, feststellten, daß wir zuviel Geld für Tomaten ausgegeben hatten.

Später, in der DDR, hatten wir natürlich reichlich Geld, zumal wir beide, die Urgroßmutter und ich, angestellt waren. Doch heute ist das wieder anders, und wir müssen auf das Geld aufpassen.

Wir hatten zwei Millionäre in unserer Familie, meine beiden Großväter. Aber bevor sie starben, kam die große Inflation, und sie sind ohne Folgen für meine Eltern und uns geblieben. Ein Glück! Auch das wird Dich amüsieren: Als wir einmal von dem Sonntagsbesuch zum Mittagessen bei einem Großvater nach Hause fuhren und die anderen Besucher des Großvaters in Droschken stiegen, und ich – wohl zehn Jahre alt – meinen Vater fragte, warum wir mit der Bahn fahren müssen, erklärte er mir: »Weißt du, die Mutter und ich wollten lieber mehr Kinder haben als mit der Droschke nach Hause fahren.«

Nein, weißt Du, meine Erziehung zu Hause, mein ganzes Leben waren so, daß ich die kleinen Realitäten eines an täglichen Gütern bescheidenen Lebens kennenlernte. Und wie hat mich das Leben unten in der Partei oder der Gewerkschaft in Deutschland, in den Vereinigten Staaten, in England dazu erzogen!

Glaube nicht, daß ich besonders begabt in dieser Richtung, besonders aufmerksam in dieser Beziehung war. Das Leben und die vielen Menschen, denen ich im Leben begegnete, haben mich dazu erzogen – und ebenso meine Vorbilder Marx und Engels und Lenin.

Wie genau haben diese drei das Leben beobachtet und selbst erlebt! Wie wünsche ich Dir, lieber Robert, Dir, lieber René, eine solche Erziehung durch das Leben!

Zum Schluß muß ich Dir noch eine merkwürdige, ganz großartige Geschichte erzählen. Du weißt, ich hatte zwei wunderbare Sekretärinnen im Institut, aus denen ich im Laufe der Zeit richtige Wissenschaftlerinnen gemacht habe. Die eine, Ruth Hoppe, fing zuerst bei mir privat zu Hause an und kam dann mit mir an die Akademie. Sie ist jetzt 87 und erhielt in der ganzen Zeit, seit sie 60 Jahre alt wurde, eine bescheidene, aber ausreichende Rente. Vor einem Jahr mußte sie mal wieder alle möglichen Papiere bei der Rentenversicherung einreichen und bekam dann Bescheid, daß man ihre Rente falsch berechnet hätte, sie sei einige hundert Mark zu gering gewesen, und man zahlte ihr 32.000 DM Nachtrag. Ich besuchte sie am Tag nach dem Rentenbescheid, und sie war völlig durcheinander. »Soll ich etwa mein ganzes Leben wegen der falschen Rentenberechnung jetzt umstellen?« klagte sie. »Kannst Du mir nicht einen Teil von den 32.000 Mark abnehmen?« bat sie mich. Natürlich lachte ich nur und gab ihr einen Kuß.

Auch solche Geschichten passieren Unten, und sie sind natürlich eine reine Freude.

Urgroßvater, wieso meinst Du, daß es keinen undemokratischen Sozialismus geben könne? Du hast beispielsweise über die Blutgesetzgebung im englischen Frühkapitalismus geschrieben, und das, wo England doch das Geburtsland der bürgerlichen Demokratie war. Der von Dir so geschätzte Heiner Müller hat einmal die Rolle der Stalinschen Lager beim Aufbau des Sozialismus mit der der englischen Blutgesetzgebung beim Aufbau des Kapitalismus vergleichen. Und auch bürgerliche Demokratie und Faschismus haben ja dieselbe ökonomische Grundlage. Glaubst Du denn, daß der Sozialismus als Resultat unbefleckter Empfängnis entstehen wird? Wie soll das denn überhaupt gehen mit Menschen, die in einem Gesellschaftssystem leben, das auf dem Wege in die Barbarei ist, mit Menschen, die auf dem Wege sind, Barbaren zu werden?

Du hast unrecht, mein Guter, auch wenn Deine Argumentation wirklich klug ist. Aber Du vergißt, was Sozialismus eigentlich heißt. Das Wort kommt natürlich aus dem Lateinischen sociabiles, socialis gleich gesellig, verträglich, socius gleich teilnehmend oder als Substantiv der Teilnehmer, der Kamerad, der Genosse. Das ist der Unterschied zwischen Kapitalismus, der ökonomischen (!) Bezeichnung einer Gesellschaftsordnung, die rein diktatorisch, terroristisch sein kann oder erste Anfänge einer Demokratie zeigen kann, auf der einen Seite, und Sozialismus, der das gesellschaftliche (nicht ökonomische !) Verhältnis der Menschen untereinander bezeichnet, auf der anderen Seite. Darum kann es unter kapitalistischen Verhältnissen sowohl eine »Weimarer Demokratie« wie eine nationalsozialistische Diktatur geben. Darum hat sich Lenin auch stets geweigert, die Übergangsverhältnisse vom zaristischen Rußland zu einer erstrebten sozialistischen Gesellschaft, die zu einer Zeit, also von 1917 bis 1923/24, herrschten, sozialistisch zu nennen. Darum kann es einen diktatorischen und einen »anfangsdemokratischen« Kapitalismus geben. Heiner Müller, dessen Klugheit, ja mehr, dessen politische Weisheit ich so hoch schätze, wie Du bemerkst, hat in diesem Fall unrecht. Recht hätte er aber gehabt, wenn er die Verhältnisse zu Lenins Zeit in den Jahren 1917 bis 1921, zur Zeit des Bürgerkrieges und der Interventionskriege, mit der Blutgesetzgebung zu Beginn des englischen Kapitalismus verglichen hätte. Ja, der Weg zum Sozialismus kann zuerst blutig und grausam sein, und war es 1917 bis 1921 auch, aber niemals der Sozialismus selbst!

Ja, das war die Zeit, als der Weiße Terror den Roten Terror gebar, das war die Zeit der »Blutgesetzgebung« bei der Erarbeitung des Übergangs vom Kapitalismus zum Sozialismus, aber das hatte wahrlich noch nichts mit Sozialismus zu tun. Wenn Du nach allerersten, ganz schüchternen, aber ungeheuer wichtigen Anfängen von Sozialismus suchst, dann betrachte besonders die Jahre 1922 und 1923 in Sowjetrußland, Jahre, in denen Lenin hoffen konnte, daß vielleicht schon die Kinder, »bei Gott« aber die Enkel in einer sozialistischen Gesellschaft leben werden.

Die Idee eines »undemokratischen Sozialismus« ist ebenso unsinnig wie die einer männlichen Mutter.

Wichtig, überaus wichtig ist der letzte Teil Deiner so falschen, aber doch wahrlich klugen Frage. Ja, wie soll der Sozialismus geschaffen, wie eine sozialistische Gesellschaft begründet werden mit Menschen aus einer kapitalistischen Gesellschaft, die sich in Barbarei auflöst.

Natürlich müssen Menschen Umstände schaffen, unter denen die ersten Voraussetzungen für eine sozialistische Gesellschaft entstehen können. Was waren das für Menschen, die die Revolution von 1917 durchführten? Das waren über die Umstände ihres Lebens verzweifelte Menschen, aber doch keine Sozialisten oder Kommunisten. Sozialisten bzw. Kommunisten lenkten die Bewegung, aber sie waren nicht die Bewegung.

Rote Terroristen übten Terror in der richtigen Richtung, aber sie waren keine Kommunisten. Und so viele Maßnahmen der Partei unter Lenin hatten natürlich ihrem Charakter nach nichts mit Sozialismus oder Kommunismus zu tun. Oder willst Du etwa die militärischen Kämpfe gegen die Weißen, gegen die konterrevolutionären Truppen sozialistisch bzw. kommunistisch nennen? Es waren absolut notwendige, wahrhaft fortschrittliche Kämpfe, um den Weg zum Sozialismus frei zu machen, aber sie waren deswegen noch nicht sozialistisch! Und den Roten Terror wird jeder verstehen, ohne ihn deswegen zu billigen.

Und die Enteignung des Großkapitals auf dem von den Bolschewiki beherrschten Gebiet war doch nicht sozialistisch. Genau so wenig wie etwa die entsprechenden Maßnahmen in der DDR. Sie war eine Voraussetzung für die Schaffung einer sozialistischen Gesellschaft, eine der wichtigsten, ja wohl die wichtigste. Aber sie brachte natürlich noch nicht den Sozialismus.

Warum meine ich, daß sie die wichtigste Maßnahme zur Vorbereitung einer sozialistischen Gesellschaft war? Einmal, weil sie die ökonomische Macht des schärfsten Gegners des Sozialismus, des Kapitals, brach. Und sodann, weil sie den Weg zum Sozialismus eröffnete, nämlich den Weg zur demokratischen Bestimmung des Weges der Wirtschaft, die ja die Grundlage jeder Gesellschaftsordnung ist.

Sowohl in Sowjetrußland wie in der DDR führte die Entmachtung des Großkapitals dazu, daß die in den Fabriken oder anderen Unternehmen des Großkapitals Beschäftigten mehr Freiheit hatte, Einfluß auf ihre Arbeitsbedingungen zu nehmen.

Aber wie stand es mit der Bestimmung des Weges der Wirtschaft? Da konnte man in der DDR natürlich nicht von einer Einflußnahme der Beschäftigten sprechen. Die Pläne der Entwicklung etwa von Konsumgüter- oder Maschinenproduktion wurden Oben festgelegt. Irgendwelche Diskussionen dazu Unten, wie in welcher Richtung die Pläne ausgearbeitet werden sollten, gab es nicht, und keiner Oben eilte nach Unten, um sich mit den Arbeitern und Angestellten zu beraten.

Das begann sich in Sowjetrußland gegen Ende 1291 schon ganz wesentlich zu verändern. Überall, in den Betrieben, in den Sowjets Unten, in der Presse gab es Diskussionen. Natürlich waren die Mittel noch äußerst beschränkt. Aber die Menschen interessierten sich lebhaft für die Pläne, diskutierten die Möglichkeiten, und die Partei unter Führung Lenins hörte auf sie, nahm leidenschaftlich Anteil an den Diskussionen. Die ersten Schritte auf dem Wege zum Sozialismus wurden getan.

Die Menschen begannen sich daran zu gewöhnen, solche Diskussionen zu führen. Das heißt, die Umstände, die Enteignung des Kapitals, begannen, die Menschen aufzuwecken und auf den Weg zum Sozialismus zu führen. Darin liegt die Lösung für den Schluß Deiner Frage: Wie sollen Menschen aus einer kapitalistischen Gesellschaft, die sich auf dem Wege der Auflösung in Barbarei befindet, eine sozialistische Gesellschaft schaffen? Es sind die durch eine blutige oder eine friedliche Revolution geschaffenen neuen Umstände, die die Menschen verändern und allmählich auf den Weg des Sozialismus führen.

Und nun denke noch einmal zurück an die Verhältnisse in der DDR: eine Basisdemokratie, die noch unter dem Niveau der in der alten BRD lag! Eine Pressefreiheit, die noch geringer war als die, die unter dem feudalabsolutistischen Friedrich dem Großen im 18. Jahrhundert herrschte! Wie sollten da sozialistische Verhältnisse entstehen können?

Welch entscheidenden Einfluß also die Umstände auf die Menschen haben, wie sie die Menschen in Richtung Sozialismus verändern können, dafür liefert aber gerade auch die DDR ein Beispiel. Denke daran: keine Arbeitslosigkeit, keiner brauchte zu hungern. Im Vergleich zur BRD großartige Umstände! Und die Folge, die allgemein, auch von westlichen Beobachtern, anerkannt wurde und wird? Weniger Ellbogengesellschaft, in dieser Beziehung: bessere Menschen als im Kapitalismus, Menschen, die auf Grund der Umstände, in dieser Beziehung schon reifer für eine sozialistische Gesellschaft waren.

Nie darfst Du vergessen, daß die Menschen in Revolutionen neue Umstände schaffen können, aber neue Menschen werden erst durch die neuen Umstände geschaffen.

Nimm es mir nicht übel, Urgroßvater, aber das Letztgesagte bleibt für mich ein Traum. So, wie der »neue Mensch« nach 70 bzw. 40 Jahren Sozialismus ein Traum geblieben ist. Selbst in Kuba läßt Che Guevaras »neuer Mensch« auf sich warten ... Ich sehe es sogar noch schärfer: Beispielsweise hatten es sich die meisten Menschen in der DDR bequem eingerichtet, viele versuchten, »mit dem Arsch an die Wand zu kommen«, mitzunehmen, was mitzunehmen ist (bis zu Diebstahl aus den »volkseigenen« Betrieben), aber das Mehr an Engagement und Initiativen, das für den Aufbau der neuen Gesellschaft notwendig gewesen wäre, das fehlte. Diese alte Bequemlichkeit führte auch zum Ende der DDR: Lieber der bequeme Schoß von D-Mark und BRD, aber »keine Experimente mehr!« Zugespitzt könnte ich auch formulieren, daß ich keinen Glauben mehr an Aufklärung und Erziehung der Menschen habe. Beispielsweise schreiten sie trotz umfassender Warnungen in Siebenmeilenstiefeln in eine ökologische Weltkatastrophe.

Aber mein Guter. Immer wieder machst Du den Fehler, von Sozialismus in den »realsozialistischen« Ländern zu sprechen. Es gab dort Elemente des Sozialismus, aber keinen Sozialismus, insbesondere da die Elemente des Sozialismus von ausgesprochenen anti-sozialistischen Elementen überwuchert wurden.

Und weiter: Plötzlich erklärst Du, keinen Glauben mehr an Aufklärung und Erziehung der Menschen zu haben. Natürlich sind sie wichtig, aber haben wir nicht schon davon gesprochen, daß sie nicht entscheidend sind? Entscheidend sind die

Umstände, unter denen die Menschen leben. Sie formen den neuen Menschen, nicht kluge Reden und Gebote, wie sie alle großen Religionen den Menschen seit Jahrtausenden bieten.

Urgroßvater, Du hast zwar einiges über vergangene »realsozialistische« Länder gesagt, aber nichts über die noch überlebenden, in denen doch noch fast ein Viertel der Menschheit lebt. Was meinst Du von ihnen?

Nun, weißt Du, über Kuba habe ich ja viel in dem Buch über unseren ersten Dialog berichtet, und seitdem war ich auch nicht mehr dort. Von Vietnam und Nordkorea weiß ich zuwenig. Aber China, ach China!

Ich habe Dir ja ganz ausführlich über meinen Besuch dort im Jahre 1957 aus meinen Briefen an meine Sekretärin und Mitarbeiterin Ruth Hoppe in unserem früheren »Dialog« erzählt. Es war eine wunderbare Zeit, die ich in den wohl zehn Wochen meines Aufenthaltes dort erlebte. Es war die Zeit, in der Mao »Tausend Blumen blühen« ließ, eine Zeit, wie sie kein »realsozialistisches« Land erlebt hat. Und die ersten vier Wochen verbrachte auch die Urgroßmutter, die wie ich Vorträge hielt, mit mir. Später, nach ihrer Abreise, forschte ich dort über englische Betriebe in Shanghai mit meinem Stellvertreter in der Akademie, Wolfgang Jonas, woraus ein Buch entstand, ein Band innerhalb meines so umfangreichen Werkes über die Lage der Arbeiter in den führenden Ländern der Welt des Kapitals. Und alte Freunde aus Deutschland traf ich dort, neue Freunde fand ich. Ach, es war eine wundervolle Zeit!

Aber es war nur eine kurze Zeit in der Geschichte des China der Nachkriegszeit. Zum Unglück Chinas kam die Zeit der »Stalinschen« Partei wieder zurück, die sich in gewisser Weise bis heute hält – mit einem Politbüro, das »immer recht hat«.

Und doch ist in den letzten Jahren eine große Wandlung eingetreten, eine in gewisser Weise fundamentale Wandlung. Eine Wandlung, die so grundverschieden von der Wandlung ist, die wir ab 1985 in der Sowjetunion beobachten konnten. Gorbatschow befreite das geistige Leben von den Fesseln des Stalinismus, und Kultur wie zum Teil auch Wissenschaften begannen sich erstaunlich zu entwickeln. Von dieser Bewegung, die ein wenig an das China der Zeit meines Besuches dort erinnert, ist im heutigen China nichts zu spüren. Aber im Gegensatz zur Sowjetunion nach 1984 befreite man in China die Wirtschaft von den Monopolen und erinnerte sich vielleicht an die Lehre von Lenin: Im frühen Stadium unserer Entwicklung muß der Kapitalismus unser Lehrmeister sein. Genau wie 1921 in Sowjetrußland, wurden seit den neunziger Jahren mehr und mehr kapitalistische Elemente in die Wirtschaft Chinas eingeführt.

Und die Folge? Eine ganz erstaunliche Entwicklung der chinesischen Wirtschaft. Die Industrieproduktion steigt steil empor, immer neue Rekorde werden erreicht. In dieser Beziehung steht China heute einzig in der Welt da. Und auch andere Zweige der Wirtschaft entwickeln sich lebhaft, das Transportwesen wie das Dienstleistungsgewerbe. Ja, man entwickelt Bezirke in diesem riesigen Lande, die rein kapitalistisch wirtschaften.

Eine ganz erstaunliche Gestaltung des Landes. Es ist geistig erstarrt wie seit Jahrzehnten mit schlimmen Folgen für Kulturschaffende und Wissenschaftler, die nicht »treu der Linie« folgen, und es bewegt sich aufregend steil aufwärts, voller Leben und Experimente, auf dem Gebiete der Wirtschaft.

Und diese wirtschaftliche Aufwärtsbewegung hat Chinas Stellung in der Welt völlig verändert. Denn zu der Beweglichkeit auf dem Gebiet der Wirtschaft gehört wie zu Lenins Zeiten in Sowjetrußland auch die Öffnung des Landes für das »westliche Kapital«. Ständig steigen etwa die deutschen oder amerikanischen Kapitalanlagen in China. Eben erst war der deutsche Bundeskanzler in China, begleitet von zahlreichen Unternehmern. Er verbeugte sich vor den dort Regierenden, vor dem Militär, vor der schlimmen geistigen Diktatur, die dort herrscht, um gute Geschäfte dort zu machen, und ähnlich verhalten sich politische Vertreter des amerikanischen oder englischen oder französischen Kapitals.

Man beschließt in der Welt des Kapitals Sanktionen gegen Irak oder Iran oder Libyen, wenn die dortigen Diktatoren sich nicht dem westlichen Kapital beugen und ihm wirtschaftliche Privilegien einräumen. Man berichtet in der kapitalistischen Weltpresse ausführlich über die Menschenrechtsverletzungen dort. Aber die schlimmen Menschenrechtsverletzungen in China, über die wenig berichtet wird, stören das Weltkapital nicht in seinen diplomatischen und wirtschaftlichen Beziehungen zu China.

Und infolgedessen blüht die chinesischen Wirtschaft auf – vor allem auf Grund der Veränderung der sozialen Verhältnisse, der Einführung kapitalistischer Elemente, der Zerstörung der Monopolwirtschaft, teils aber auch auf Grund der aktiven Hilfe westlichen Kapitals bei der Entwicklung der Wirtschaft – sehr zum Profit dieses Kapitals, aber natürlich auch zum Nutzen der chinesischen Wirtschaft.

Und nun wirst Du wissen wollen, mit welchen Gefühlen ich diese Entwicklung betrachte. Natürlich sind sie gemischt. Ich glaube, daß China, was die Wirtschaft betrifft, auf dem richtigen, auf dem leninistische Wege ist. Aber was die Kultur und Wissenschaft, was das künstlerische und geistige Leben betrifft, so ist das keineswegs der Fall. Es muß zu einem geistigen Aufstand kommen, der entweder in die richtige, sozialistische, leninistische Richtung geht, oder – zumindest für einige Zeit – zu einer reaktionären Konterrevolution führt. Hoffen wir, daß das erstere der Fall sein wird.

Urgroßvater, ich verstehe ja Deine Begeisterung über den wirtschaftlichen Aufschwung in China, aber mir ist das etwas unheimlich: Seit 1921, als in Sowjetrußland einerseits die NÖP begonnen und andererseits der Kronstädter Aufstand zusammengeschossen und das Verbot der Fraktionsbildung erlassen wurde, gehen ökonomische Liberalisierung und politische Repression im Sozialismus zusammen. Und umgekehrt hat die politische Demokratisierung unter Gorbatschow nicht nur zu einem Zusammenbruch der Kommandowirtschaft geführt, sondern zum vollständigen Zusammenbruch des Wirtschaftsystems. Ähnliches wurde wohl 1968 von den »hardlinern« in Bezug auf Prag befürchtet. Wie ist im Sozialismus beides zusammen überhaupt zu realisieren, ökonomische Selbstregulierung und politische Demokratie?

Mein Guter, so recht Du mit China und Gorbatschow hast, so unrecht hast Du mit den Ereignissen unter Lenin. Der Kronstädter Aufstand vom März 1921, als die konterrevolutionären Kräfte und die Interventionsmächte noch relativ kräftig zuschlugen – erst später im Jahr änderte sich das –, mußte natürlich blutig niedergeschlagen werden, um die Revolution von 1917 zu retten. Und was das Verbot der Fraktionsbildung betrifft – hast Du je von einer Verurteilung Trotzkis oder Sinowjews oder irgendeines anderen führenden Genossen, die natürlich jeder seine Anhänger um sich hatten, zu Lenins Zeiten gehört? Natürlich nicht! Nein, Deine Parallelkonstruktion zu China bzw. Gorbatschow ist in der Realität völlig unberechtigt.

Mein Gott, was für kontradiktorische, heftige Diskussionen

gab es damals 1921 bis 1924 unter Lenin, aber auch noch einige Jahre danach in der Partei! Und jeder gehörte zu irgendeiner »Gruppe« oder Fraktion, wenn Du es so nennen willst.

Natürlich kenne ich das nicht nur aus Dokumenten. Du hättest Varga oder die Pankratowa oder Tjulpanow aufgeregt strahlen sehen sollen, wenn sie davon sprachen, was für Diskussionen es damals – Oben und Unten – gab. Auch dieser Vergangenheit galten die Tränen der Krupskaja und der Genossin Varga.

Nein, da siehst Du die Realität falsch. Um so richtiger siehst Du die Problematik unter Gorbatschow und in China. Ich bin zwar nicht begeistert, wie Du meinst, von der Wirtschaftsentwicklung in China, insbesondere über die Lockerung der Verhältnisse, die absolut notwendig war und zu einer rapid steigenden Wirtschaftskriminalität geführt hat. Aber ich bin stark beeindruckt von dem bedeutenden Wirtschaftsaufschwung – genau wie das amerikanische und deutsche Kapital. Eine merkwürdige Zusammensetzung der Beeindruckten.

Zugleich bin ich stark beunruhigt über den ideologischen Stalinismus, der von schlimmsten Terrorismus – nicht nur ideologischem, sondern auch physischem – begleitet ist. Wenn sich das nicht bald ändert, sieht die Zukunft Chinas recht unsicher aus. Genau so unsicher, wie sie sich aus dem umgekehrten Grund in der Sowjetunion erwiesen hat. Denn es kann keinen Zweifel daran geben, daß – im Gegensatz zur DDR – die Sowjetunion aus wirtschaftlichen Gründen zusammengebrochen ist.

Während ich an dieser Antwort schreibe, versucht Gorbatschow eine Bewegung in Rußland für sich als Präsidenten bei der bevorstehenden Wahl zusammenzustellen, die zugleich gegen den Kandidaten der Kommunisten kämpfen soll. Wahrlich eine üble Situation, die wieder zeigt, wie Politiker, die einst in gewisser Beziehung richtig dachten, völlig vom Wege des Fortschritts abkommen können. Sagenhaft diese Situation in dem bei weitem größtem und wirtschaftlich potentiell stärkstem Land der Welt, China, und in einem Land, das ebenfalls zu den größten gehört, Rußland!

Nicht nur Barbarei, sondern auch politisches Chaos breiten sich immer mehr aus – oder gehört das Chaos zur Barbarei? –, und die Zukunft der Menschheit steht im grellsten Zwielicht.

»Laßt tausend Blumen blühen!« hattest Du 1957 öffentlich gefordert. Warst Du damals plötzlich zum glühenden Anhänger Maos geworden oder wolltest Du den Marxismus als »Revisionist verwässern«?

Nein, ich wollte den Marxismus durch Revision der Verhältnisse stärken. Ja, ich war ein »glühender Anhänger« Maos oder auch von Engels – denke an seinen schon zitierten Brief an den dänischen Genossen – geworden, oder auch von Marx – denke an die Stelle im »Kommunistischen Manifest«, wo es heißt, daß die Freiheit jedes Einzelnen die Voraussetzung für die Freiheit aller ist.

Aber während Mao sehr bald seine Haltung grundsätzlich änderte, hatten Marx und Engels stets an ihr festgehalten. »Laßt tausend Blumen blühen« war eine kurze, für die Entwicklung des Landes wunderbare, aber folgenlose Periode.

Ja, so muß man sie kennzeichnen – aber du wirst verstehen, mit welcher Begeisterung ich sie in mich aufnahm. Genauso hatte ich mir das geistige Leben im Sozialismus gewünscht.

Urgroßvater, wie würdest Du das kulturelle und wissenschaftliche Leben in der alten BRD und der DDR sowie heute in Westdeutschland und Ostdeutschland vergleichen?

Ich würde zunächst sagen, daß Kultur und Wissenschaft in gewisser Beziehung ein weit höheres Niveau in der alten BRD als in der DDR hatten. In der alten BRD gab es Diskussionen auf viel höherem Niveau als bei uns, weil man seine Meinung viel freier äußern konnte als bei uns in der DDR. Und solche Diskussionen sind so wichtig für die Entwicklung von Kultur und Wissenschaft. Doch gibt es noch einen zweiten Grund für das höhere Niveau dort. Es wurden viele Bücher, die in DDR-Verlagen veröffentlicht wurden, ein zweites Mal in BRD-Verlagen herausgebracht. Das heißt, man öffnete sich auch unserer Kultur, so ganz im Gegenteil zum Verhalten der DDR gegenüber Kultur und Wissenschaft in der BRD. Man brauchte in der DDR spezielle Erlaubnis, um »westliche Bücher« zu kaufen oder westliche Zeitschriften zu beziehen. Man nahm in der DDR nur wenig öffentliche Notiz von der Entwicklung von Kultur und Wissenschaft in der alten BRD. Es war dagegen doch selbstverständlich, daß die Werke von Brecht und Anna Seghers oder Christ Wolf auch in westdeutschen Verlagen erschienen. Von meinen in der DDR veröffentlichten Broschüren und Büchern sind in der Zeit von 1947 bis 1989 zwanzig in BRD-Verlagen erschienen, darunter meine sechsbändige »Geschichte des Alltags des Deutschen Volkes«. Und dazu kommen noch Raubdrucke in der BRD, von denen ich sechs entdeckt habe. Und dazu kam, als mein »Dialog« in den Monaten

Februar bis April 1984 in »Ungnade« war und keine zweite Auflage erschien, die Bestellung einer Auflage von 5.000 Exemplaren beim DDR-Verlag durch einen westdeutschen Verlag.

Wie jämmerlich die Rezeption westdeutscher Werke in der DDR war, kann man daran ermessen, daß es der Wirtschaftswissenschaftler J.K. war, der den ersten positiven Artikel über einen Roman von Heinrich Böll in der DDR geschrieben hat – der gleiche war es auch, der die erste positive Besprechung eines Romans von Dürrenmatt verfaßte.

Und nun zu einigen konkreten Vergleichen. Von Musik verstehe ich nicht genug, um vergleichen zu können, und die westdeutsche Kunst – Architektur, Bildhauerei, Malerei – habe ich zu ungenügend verfolgt, um etwas aussagen zu können. Anders ist die Situation, was meine Kenntnis der Schönen Literatur in beiden deutschen Staaten betrifft. Da war natürlich zunächst mein Freund Brecht, den ich seit den Zeiten der Weimarer Republik kannte, ein reines Glück für die DDR, und dem ich keinen in der BRD gleichsetzen würde. Aber sonst glaube ich, daß man sagen kann, daß es nicht möglich ist, festzustellen, daß ein Staat dem anderen überlegen war. Weder Anna Seghers, unsere gute Freundin seit den Jahren der Emigration, noch Stephan Hermlin, noch Christ Wolf wurde von irgendwelchen Schriftstellern in der BRD übertroffen.

Und nun zu den Wissenschaften. Zweifellos war das Niveau der Naturwissenschaften, einschließlich Technik, in der BRD höher als bei uns in der DDR. Was die Technik betrifft, so lag das natürlich an dem höheren Niveau der industriellen Organisation. Was die Naturwissenschaften betrifft, so meinte Peter Thießen, einer unserer hervorragendsten Wissenschaftler, mit dem ich öfter darüber sprach, daß der international viel freiere

Verkehr im Westen, wenn nicht eine der Hauptursachen, so doch sicherlich merklich zur Überlegenheit der BRD beigetragen hat. Ich weiß es, ganz offen gesagt, nicht.

Umgekehrt steht es mit den Geistes- bzw. mit den Gesellschaftswissenschaften. Da waren wir in der DDR deutlich überlegen. Fritz Behrens, Wolfgang Heise, Hermann Klenner, Walter Markov, Wolfgang Steinitz hatten keine Ebenbürtigen in der BRD. Mit Fritz, Hermann und den beiden Wolfgangs war ich gut befreundet, mit Walter Markov nur deshalb nicht, weil wir uns so selten sahen, aber stets hatten wir eine große Hochachtung voreinander. Alle fünf hatten es schwer in der DDR. Gar nicht selten waren sie wegen ihrer wissenschaftlichen Arbeiten im Politbüro und bei den Dogmatikern in Ungnade, während sie in der BRD – zum Teil natürlich auch deswegen – hoch geachtet waren. Zwei von ihnen, Fritz Behrens und Wolfgang Steinitz, starben in Ungnade, und am Grabe beider hielt ich die Abschiedsrede. Jahrelang mußte ich darum kämpfen, daß Wolfgang Heise Mitglied der Akademie der Wissenschaften wurde.

Ja, die Gesellschaftswissenschaftler hatten es schwer in der DDR. Nicht die, die sich mit der Antike beschäftigten. Auch nicht die, die im Mittelalter forschten. Aber danach begannen die ersten Probleme. Jahrelang mußte ich für das Ansehen von Martin Luther kämpfen, der vielfach als Reaktionär betrachtet wurde, um die Bedeutung von Thomas Müntzer hervorzuheben. Denunziationen durch mittelmäßige Wissenschaftler waren üblich – und jedes Mitglied der hohen SED-Hierarchie hielt sich für kompetent, unsere Besten wegen dieser oder jener »Abweichung« zu verurteilen. Hermann Klenner wurde zeitweise zum Bürgermeister eines kleinen Ortes degradiert, Fritz Behrens zog sich in die Einsamkeit seines Hauses zurück und schrieb für die Schublade. Viele kluge Gedanken wurden nur im engsten Freundeskreis geäußert.

Doch sollten wir nicht nur von den Wissenschaftlern »erster Klasse« sprechen. Wie stand es um die »große Masse der zweiten Klasse«? Soweit sie brave Dogmatiker waren, ging es ihnen finanziell und in ihrer Position im allgemeinen weit besser als der »zweiten Klasse« in der BRD. Sie waren weit »angesehener« als in der BRD, hatten eine feste Position in Presse und Rundfunk, hatten keine Schwierigkeiten zu veröffentlichen, hatten weit mehr Möglichkeiten, die wissenschaftliche Jugend zu beeinflussen, standen natürlich in schärfstem Gegensatz zu den Wissenschaftlern der »ersten Klasse«, für die sie Verachtung hatten. Die, die nicht dogmatisch waren, hatten kein schlechtes Leben, aber waren sich stets bewußt, daß sie »vorsichtig« sein mußten sowohl im Verkehr mit den »Erstklassigen«, wie auch in ihren Arbeiten.

Die gesamte Atmosphäre war ungesund für die Entwicklung der Geistes- bzw. Gesellschaftswissenschaften. Viele lebten in ständiger Sorge, »nicht anzustoßen«, nicht unangenehm innerhalb der Wissenschaftler bzw. bei den »führenden Genossen« aufzufallen. Viele Ideen und Gedanken fanden nicht ihren Weg in den schriftlichen oder gedruckten Ausdruck.

Und trotzdem: durch die besten und mutigsten eine Überlegenheit im Niveau der Geistes- bzw. Gesellschaftswissenschaften in der DDR gegenüber der BRD!

Zwischenfrage – entschuldige die Unterbrechung: Urgroßvater, ich verstehe ja, daß Dir Deine Freunde aus der alten DDR näher stehen als Deine Kollegen aus der alten BRD. Aber hältst Du es wirklich für gerechtfertigt, von Überlegenheit zu sprechen, wenn keiner von ihnen die Grundübel des Realsozialismus wirklich erkannt hat (außer vielleicht Fritz Behrens, und der schrieb für die Schublade)? Lange vor 1989 hat der westdeutsche Philosoph Plessner einmal gesagt: Wir kommen immer noch früh genug zu spät. Meinst Du nicht, daß dies Wort auf beide Seiten zutrifft, daß im Herbst 1989 keiner der führenden Wissenschaftler (weder in der DDR noch in der BRD) eine Ahnung von dem hatte, was da auf sie zukam, daß sie in der Beziehung wirklich gleich gut bzw. gleich schlecht waren?

Aber vielleicht, Urgroßvater, sollte ich die Frage noch schärfer stellen: Du hast einmal geschrieben, die marxistischen Gesellschaftswissenschaften seinen Zaunkönige auf den Adlerschwingen von Marx und Engels. Aber habt Ihr denn wenigstens so weit wie die Adler gesehen (und zwar in dem Sinne, wie George Herbert schon 1640 schrieb: Ein Zwerg auf des Riesen Schultern sieht von den beiden weiter)? Der alte Engels hatte geschrieben, daß ein Staat, der gegen die wirtschaftlichen Entwicklungen angehe, auf die Dauer in jedem modernen Volk kaputtgeht. Ihr habt das alle gelesen, sogar zitiert, aber keiner hat das eigene System so gesehen. Warum? Und wer auf solchen Adlerschwingen nichts sieht, ist der objektiv nicht viel schlechter als ein bürgerlicher Habicht?

Natürlich hast Du recht, daß wir alle in Bezug auf die Gestaltung des Schicksals der DDR völlig versagt haben. Wenn ich schon seit längerem, seit Jahren vor 1989, von einer möglichen »Explosion« sprach und in meinem Tagebuch schrieb, dann erkannte ich zwar den Ernst der Situation, hatte aber keine Ahnung, wie sie sich auswirken würde. Und den Ernst der Situation erkannten auch manche meiner Freunde. Als dann die Explosion im Oktober 1989 erfolgte, war ich begeistert über die Richtung, die sie nahm, ohne zu ahnen, wie schnell sie die Richtung ändern würde.

Wenn Du Fritz Behrens erwähnst, so hast Du insofern recht, als er vielleicht noch klarer als andere die Schwierigkeiten unserer Wirtschaft erkannte und den Weg sah zu ihrer Heilung – aber dafür sah er wesentlich weniger klar die Stimme im Volke, die ja schließlich die Wandlung herbeigeführt hat; er war den Massen wesentlich ferner als ich, sonst hätte er sich ja auch nicht von allem zurückgezogen. In dieser Beziehung war er ein Versager – leider.

Und die westdeutschen Wissenschaftler? Ja, sie haben zum Teil seit den fünfziger Jahren den Zusammenbruch der DDR vorausgesagt. Vorausgesagt, weil »der Sozialismus scheitern muß«. Keine sehr kluge Begründung. Ich kenne keinen, der den Untergang der DDR voraussah, weil wir keinen Sozialismus hatten. Nur wenige Linke unter den Wissenschaftlern begriffen, daß der Stalinismus die große Gefahr darstellte. Und als dann die DDR zusammenbrach, waren sie genauso erstaunt über das plötzliche Ende wie so viele DDR-Wissenschaftler. Nein, es gab natürlich unter den BRD-Wissenschaftlern, insbesondere unter den Konservativen, weit, weit mehr Kritiker der Verhältnisse der DDR als in der DDR. Aber waren sie wirklich klüger? Begriffen sie die ganze Bedeutung des Mangels an Demokratie Unten, die Auswirkungen des Bürokratismus?

Doch nun: Wie kannst Du den Stand der Wissenschaften nur am Verständnis der Gegenwart messen wollen?! Wieviele große Wissenschaftler begriffen nicht ihre Zeit, während sie die Antike oder den Wandel der Sprache im Mittelalter oder die Philosophie der Aufklärung oder die Dichtungen Hölderlins ganz wunderbar begriffen!

Und hier konnte sich die Überlegenheit marxistischen Denkens oder zumindest Ansätze solchen Denkens voll auswirken. Und hier wurden auch so manche Leistungen der DDR-Wissenschaft international anerkannt. Warum, glaubst Du wohl, wurden meine Bücher in so vielen Ländern des Westens übersetzt – auch in reaktionären Ländern wie Südkorea oder manchen lateinamerikanischen Staaten?

Glaube nicht, wegen meiner offenen, wenn auch bescheidenen Kritik an unseren Verhältnissen. Nein, es handelt sich um Bücher, die nichts oder wenig mit der Gegenwart und überhaupt nichts mit der DDR zu tun haben. Ja, völlig verrückt: Das Buch, das fast nur von der DDR (zum Schluß von Kuba) handelt, unser alter »Dialog«, ist in keine andere Sprache übersetzt worden.

Nein, unsere Wissenschaftler hatten durchaus und völlig berechtigt Ansehen im Westen – und nicht nur Philologen oder Analytiker mittelalterlicher Weltanschauungen. Von den Naturwissenschaftlern sei hier nicht die Rede, denn ihre Forschungsresultate, auch wenn sie nicht die Spitze der BRD erreichten, wurden selbstverständlich anerkannt.

Aber ich hatte ja nicht nur von unserer wissenschaftlichen Intelligenz gesprochen. Was die Schriftsteller betrifft, wirst Du mir sicher zustimmen, daß sie denen in der BRD ebenbürtig waren. Und dazu noch eine Bemerkung: Während bei aller Intelligenztätigkeit, bei der der Verstand entscheidend ist, die Rolle des Marxismus natürlich eine ganz große Bedeutung hatte, und darum den besten Vertretern der Geisteswissenschaften in der DDR eine Überlegenheit über die der BRD sicherte, ist das in der Schönen Literatur und Kunst anders. Da ist die »Sicht« von entscheidender Bedeutung. Vergiß nie, daß Friedrich Engels und der von sozialistischen Gedanken völlig unberührte französische Literaturkritiker Sainte-Beuve sich völlig einig über die persönlichen pro-adligen politischen Tendenzen von Balzac waren, aber beide seinen wunderbaren Realismus, seine tiefe prokapitalistische, das heißt progressive Einsicht in die gesellschaftlichen Verhältnisse Frankreichs einer Eigenschaft zuschrieben, die sie beide mit dem gleichen Wort charakterisierten: »Er sah«.

Und noch etwas mußt Du bedenken, wenn Du Wissenschaft und Schöne Literatur wie Kunst in Diktaturen, seien sie als stalinistische oder anderswie zu charakterisieren, betrachtest: Der Wissenschaftler kann seine Gedanken wenigstens zum Teil durch eine unendlich komplizierte Sprache verbergen – aber dann liest ihn kaum einer. Der Dichter aber und der Künstler kann seine Gedanken durch die Schönheit der Sprache oder der Darstellung in den Hintergrund drücken, ohne daß das seinem Ansehen schadet. Ja, bisweilen ist die Schönheit so berückend, daß man die Gedanken gar nicht bemerkt. Lies so viele Briefe des jungen Mozart, und es wird Dir unbegreiflich sein, was für wunderbare Musik er schuf.

Aber ich schweife ab – und das sollte eigentlich auch einem 91jährigen nicht erlaubt sein.

P.S. Ach, und erlaube mir weiter, von der Sprache Baudelaire's und Verlaine's berückt zu sein, auch wenn der Inhalt ihrer Gedichte so oft jämmerlich ist.

Doch nun zurück zu Deiner vorangehenden Frage: Wie war die Entwicklung nach der »Vereinigung« der beiden deutschen Staaten?

Von den besten Wissenschaftlern überlebten nur Hermann Klenner und Walter Markov – der letztere krank und arbeitsunfähig. Klenner teilte natürlich das Schicksal der großen Masse der wissenschaftlichen Intelligenz der DDR, konnte aber gerade noch in Rente gehen. Westliche Wissenschaftler-Gremien »säuberten« die wissenschaftlichen Institutionen der ehemaligen DDR oder schlossen sie. An meiner wirtschaftswissenschaftlichen Fakultät der Humboldt-Universität wurden von einem – wie es in der Presse hieß – ehemaligen SS-Offizier, einem westdeutschen Professor, 80 Prozent der Lehrkräfte entlassen. Ähnlich ging es an anderen Fakultäten und Universitäten zu. Die Akademie der Wissenschaften wurde geschlossen, und an die neue Akademie, die an ihrer Stelle gegründet wurde, wurde, wie man mir erzählte, nur ein einziges Mitglied der alten Akademie aufgenommen. Mittelbegabte, zweit- und drittklassige westdeutsche Wissenschaftler – gemessen an westdeutschen Maßstäben! – übernahmen erstrangige Funktionen in den wissenschaftliche Institutionen der ehemaligen DDR.

Nicht wenige DDR-Wissenschaftler gaben auf. Andere fanden irgendeinen berufsfremden oder nur kurzfristigen Unterschlupf in untergeordneter wissenschaftlichen Stellung. Manche konnten sich in eine frühe Rente retten. Viele, viele wurden arbeitslos. Ja, die Arbeitslosigkeit innerhalb der Intelligenz in Ostdeutschland ist, während ich diese Zeilen schreiben, die höchste in der ganzen Welt.

Es fand ein von seiten der westdeutschen Intelligenz mit aller Brutalität und Rücksichtslosigkeit geführter Konkurrenzkampf statt, der viel menschliches Unglück brachte. Die »Eroberung« der wissenschaftlichen Arbeitsstätten der ostdeutschen Intelligenz durch die westdeutsche ist eines der übelsten Kapitel in der Intelligenzgeschichte der Menschheit.

Urgroßvater, ist Dir aus der Geschichte vergleichbares bekannt, daß bei einem Macht- und Systemwechsel so mit der Intelligenz, Elite und einstigen Führungsschicht eines Landes umgegangen wurde, wie es die Regierenden der BRD mit denen der DDR praktizierten? Warum handelte der Westen so? Ist es die Rache des vermeintlichen allmächtigen Siegers für scheinbar 40 Jahre Demütigung?

Nein, solches Verhalten dem Gegner gegenüber ist durchaus üblich in der Geschichte der Intelligenz. Neue Machthaber mit ganz anderen gesellschaftliche Ideen sehen in der Intelligenz des niedergerungenen Gegners oft einen Hauptfeind. Der besondere Unterschied zu ähnlichen Zerstörungen unter der Intelligenz in der Vergangenheit ist in unserem Fall, daß der Kampf um einen guten Arbeitsplatz für mittelmäßige oder noch kümmerliche westdeutsche Intelligenz eine so große Rolle gespielt hat, daß die in der Ex-DDR heute angesiedelte westdeutsche Intelligenz so häufig der von ihr vertriebenen fachlich so unterlegen ist.

Urgroßvater, Du hast, als Du über die Intelligenz in der DDR sprachst, kein Wort über Dich gesagt. Du warst doch in der DDR ein berühmter Mann. Rechnest Du Dich nicht zu den erstklassigen Wissenschaftlern der DDR?

Nein, das tue ich nicht. Ich bin immer dem Urteil meines Vaters über sich gefolgt und habe mich stets als ein first rate second class Wissenschaftler eingestuft, erster Rang in der zweiten Klasse. Fritz Behrens war mir als Wirtschaftswissenschaftler überlegen, da er mehr als ich von der »Politischen Ökonomie des Sozialismus« verstand. Und Wirtschaftswissenschaften waren schließlich mein »Hauptfach«.

Aber ich will Dich trösten. Wenn Du mein letztes veröffentlichtes Buch »Letzte Gedanken?« zur Hand nimmst, dann findest Du dort folgende Gliederung:

Teil 1: Philosophie

Teil 2: Soziologie

Teil 3: Geschichte

Teil 4: Wirtschaftswissenschaft

Teil 5: Schöne Literatur

Teil 6: Über die Unpraktischheit des deutschen Intellektuellen

Du siehst, wie vielfältig meine wissenschaftliche Tätigkeit war. Auf allen fünf hier genannten Wissenschaftsgebieten mit Ausnahme der Soziologie gab es einen erstklassigen Wissenschaftler in der DDR. Was die Soziologie betrifft, so galt sie bis 1957 als eine »imperialistische Scheinwissenschaft«. In einer sowjetischen Zeitschrift, die der 40jährigen Wiederkehr der Oktoberrevolution gewidmet war, hatte ich damals einen Aufsatz geschrieben, in dem ich die Soziologie für eine echte Wissenschaft erklärte. Sofort traten sowjetische Wissenschaftler, vor allem Philosophen, gegen mich auf, und die deutschen folgten ihnen und erklärten, daß ich den Marxismus durch die Soziologie ersetzen wolle. Aber nach zwei Jahren übelster Beschimpfungen hatte ich mich dann 1959 durchgesetzt. Nur gab es keinen erstklassigen Soziologen in der DDR.

Ich habe Dir das Inhaltsverzeichnis von »Letzte Gedanken?« noch einmal ins Gedächtnis zurückgerufen, weil es eine besondere Seite meiner wissenschaftlichen Aktivität aufzeigt. In einer Besprechung des Buches hieß es, ich sei ein »Renaissance-Wissenschaftler«. Das ist leider übertrieben. Denn die Renaissance-Wissenschaftler waren in einer Person fruchtbar tätig – sowohl auf dem Gebiet der Geistes- wie der Naturwissenschaften, ich aber verstehe wenig von Naturwissenschaften. Diese doppelte Tätigkeit können wir bis an den Anfang des 19. Jahrhunderts beobachten. Du weißt, wieviel Goethe auf dem Gebiet der Naturwissenschaften gearbeitet hat, und wenn seine Farbenlehre auch falsch war, so war sie doch so interessant, daß der große Naturwissenschaftler Helmholtz einen Artikel über sie schrieb, Du weißt vielleicht auch, daß der wunderbare frühromantische Schriftsteller Novalis Bergbauwissenschaften studiert hat und als Bergbaubeamter eine Zeitlang seinen Lebensunterhalt verdiente. (Übrigens galt er wie die ganze Romantik als reaktionär in der DDR, bis ich diese Kennzeichnung für die Frühromantik durch einen Artikel über Novalis erfolgreich widerlegte.) Und noch ein Beispiel: Denke an Lichtenberg mit seinen wundervollen Sprüchen voller Satire – er war Professor der Physik in Göttingen.

Erst mit der außerordentlichen Komplizierung der Mathematik und Physik im zweiten Drittel des 19. Jahrhunderts hörten die Geisteswissenschaftler auf, auch Naturwissenschaftler zu sein. Wir besitzen zwar viele Seiten mathematischer Studien und Versuche von Marx, doch dieser hatte keine Ahnung mehr vom Niveau der Mathematik seiner Zeit.

Aber im ersten Viertel unseres Jahrhunderts hörte auch für Geistes- bzw. Gesellschaftswissenschaftler das »flächendeckende« Studium auf. Der letzte große deutsche allgemein schöpferisch tätige Gesellschaftswissenschaftler – ein Genie – war Max Weber, der 1920 starb.

Seit der Zeit des Nationalsozialismus bin ich wohl der einzige, wenn auch zweitklassige, Gesellschaftswissenschaftler, der auf allen Gebieten der Geisteswissenschaften gearbeitet hat. Und der – auch das ist hervorzuheben – in der DDR einer der wenigen war, der sich bemühte, ein gutes Deutsch zu schreiben. Bitte vergiß nicht, daß der erste deutsche Nobelpreisträger, Theodor Mommsen, da es damals keinen Nobelpreis für Gesellschaftswissenschaft gab, den Preis für Literatur erhielt.

Traurig, wie die Geisteswissenschaften in dieser Beziehung seit dem Anfang des Jahrhunderts in Deutschland, aber nicht nur hier, heruntergekommen sind. Das gilt nicht in gleichem Maße für die Naturwissenschaften. In meiner ausführlichen Unterhaltung mit Einstein sprachen wir auch beide ganz begeistert über Hölderlin.

Und dann bin ich noch in einer anderen Weise »einzigartig«, einzigartig als Wissenschaftler in diesem Jahrhundert und vielleicht sogar seit noch längerer Zeit. Ich habe über 100 Bücher geschrieben, die in über 20 Ländern erschienen sind – auch etwa in Bulgarien und Äthiopien oder in Südkorea und Argentinien, nicht nur in Ländern wie der Sowjetunion oder den Vereinigten Staaten, England und Frankreich. Dazu noch an die 4.500 Artikel, von denen einige in noch mehr Sprachen herausgekommen sind.

Von den Artikeln haben allerdings viele journalistischen Charakter, aber das heißt nicht, daß sie nicht auch neue wissenschaftliche Erkenntnisse brachten.

Und wenn ich dieses Buch beendet habe, dann werde ich nur noch journalistisch tätig sein – aber ich hoffe, daß auch manche dieser Artikel neue wissenschaftliche Erkenntnisse über die Welt bringen. Ohne zu schreiben, will ich nicht leben.

Du siehst, auch ein first rate second class Wissenschaftler kann hervorragende Besonderheiten haben und eine Fußnote in der Geschichte der Wissenschaft verdienen.

Urgroßvater, Du sagst, daß Wissenschaftler mit umfassenden Kenntnissen zumindest auf einem der beiden großen Wissenschaftsgebiete ausgestorben sind. Woran liegt das? Ja, und stell Dir vor, Du hast doch Goethe als Naturwissenschaftler genannt. In der Schule hat der Lehrer auch seine Farbenlehre erwähnt, aber dabei kein Wort über die Vielfältigkeit der geistigen Tätigkeit Goethes verloren.

Ja, mein Guter, um gleich mit dem letzteren zu beginnen. Ich habe in meiner vorigen Antwort nur auf Goethe als Naturwissenschaften hingewiesen. Aber er war noch viel mehr. Er hatte, das darfst Du nicht vergessen, als Hauptfach Jura studiert. Und noch weit mehr: Als er nach Weimar kam, wurde er bald das, was wir heute Minister nennen würden, verantwortlich für Wegebau, Bergbau, Forsten und Militär (Leiter der Kriegskommission).

Sicher hast Du das nicht gewußt. Welche Vielfalt geistiger (speziell politischer, verwaltungsartiger) Tätigkeit! Und eine Erinnerung an diese Tätigkeit, zu der auch die untergeordnetste Aktivität gehörte, habe ich in meiner Bibliothek. Du mußt wissen, ein Onkel Deines Ururururgroßvaters, also meines Urgroßvaters, war ein berühmter Arzt, und er kaufte vor 200 Jahren die Aktie eines Weimarer Bergwerkes. Es wurden 100 Aktien zu 100 Talern ausgegeben. Und um die Echtheit jeder einzelnen Aktie zu sichern, mußte der arme kleine zuständige Minister seinen Namen per Hand auf die Aktie schreiben. Und der hieß Johann Wolfgang von Goethe. Also kannst Du in meiner Bibliothek die Handschrift Goethes auf einer Aktie streicheln, wie ich es so oft getan habe.

Du hast mit Recht gefragt, warum die Vielfalt der geistigen Aktivität verloren gegangen ist. Ich will dir zuerst umgekehrt erzählen, wie sie bei mir entstanden ist. Und zwar aus einem ganz persönlichen Erlebnis, als ich das reife Alter von einem Jahr hatte.

Es gab einen berühmten Altertumsforscher August Böckh, Mitbegründer der Berliner Universität im Jahre 1810. Er wohnte nahe dem heutigen Potsdamer Platz in einem wunderschönen Haus zusammen mit den Eltern von Fanny und Felix Mendelssohn-Bartholdy und dem berühmten Mathematiker Dirichlet. Auch Heinrich Heine verkehrte in diesem Haus. August Böckh hatte einen Sohn Richard, der der bedeutendste deutsche Statistiker in der zweiten Hälfte des 19. Jahrhunderts war. Er wurde auch der Lehrer und Freund meines Vaters. Bei seinem letzten Besuch meiner Eltern – er war schon sehr alt – fand er mich, den Einjährigen, im Bett liegen, setzte sich zu mir und hielt mir einen längeren Vortrag darüber, wie ich mich als Student verhalten sollte – und zwar auf Grund der Lehren, die ihm sein Vater, Felix Mendelssohn-Bartholdy und Heinrich Heine gegeben hatten, als er selbst in seinem letzten Schuljahr war. Meine Mutter, die dabeisaß, hat dann noch am späten Abend alle seine Lehren für mich aufgeschrieben. Als ich dann 1922/25 studierte, herrschte lange Zeit die schlimmste Inflation, und ich konnte von den Lehren im Grunde nur eine durchführen: »Studiere möglichst in allen Fächern, die es an der Universität gibt, indem Du jedem zumindest eine Vorlesung in einem Semester neben Deinem Hauptfach widmest.«

Und so habe ich auch studiert. Ich habe neben meinem Hauptfach Philosophie in Heidelberg Vorlesungen über Schöne Literatur und Kunst, über Statistik, Wirtschaftsgeschichte und Soziologie wie Recht gehört. Und es waren hervorragende Lehrer, die wir hatten. Lehrer, die uns auch nahestanden. Manche Seminare wurden in den Wohnungen der Professoren abgehalten, und auch ihre Frauen kamen dazu. Bisweilen wurden wir auch bei den Professoren etwa zum Abendbrot eingeladen. Zehn bis zwanzig von uns, je nach Semester, kannten sich gut und tauschten Erfahrungen untereinander aus. Ja, wir waren wirklich Studenten an einer Universität, einer Anstalt, an der man eine universale Ausbildung erhielt. Nicht alle Universitäten waren so gestaltet. Die Berliner war bereits zu groß. Sie wurde die erste Fabrik zur Ausbildung von Fachspezialisten in Deutschland. Aber die geisteswissenschaftliche Glanzuniversität meiner Zeit, Heidelberg, an der ich begeistert studierte, und die gleichzeitig naturwissenschaftliche Glanzuniversität Göttingen bildeten noch Studenten aus wie in den besten Zeiten.

Was waren nun die besten Zeiten? Die frühesten besten Zeiten gab es vor 2.500 Jahren im antiken Griechenland. Universelle geistige Ausbildung gab es an den Akademien von Plato und Aristoteles. Ein Glanz von Griechenland fiel auch auf das Römische Reich. Und dann gab es eine Pause von weit über 1.000 Jahren in Europa. Erst mit der Renaissance in Italien und dann in anderen Ländern Europas begann wieder eine neue Epoche universeller Geistesbildung. Von »Riesen des Geistes« in der Renaissance spricht Engels. Denk etwa an Albrecht Dürer, den großen Maler und Kupferstecher, der gleichzeitig Deutschlands größte Autorität für den Festungsbau war, oder an die

Begeisterung von Marx über die Äußerungen Luthers zur Politischen Ökonomie.

Doch die Renaissance geht zu Ende und damit auch die geistige Blüte, das Erscheinen von Dutzenden von Genies zur gleichen Zeit in Europa – mit Ausnahme Englands. Warum bildet England eine Ausnahme? Weil nur dort seit der Mitte des 16. Jahrhunderts der Kapitalismus ohne Unterbrechung herrscht. Die kapitalistische Bourgeoisie aber sorgte dafür, daß der Geist der Renaissance an den Lehranstalten ihrer Jugend erhalten blieb. Sie entwickelte das großartigste Ausbildungssystem für ihre begabten Kinder. Und dann geschah eine sehr merkwürdige Sache. Während Regierung und Wirtschaft zum Beispiel in Deutschland mit dem Ende der Renaissance in feudale Trägheit verfallen, das 17. und die erste Hälfte des 18. Jahrhunderts gesellschaftlich im Sumpf verlaufen, beginnt im zweiten Drittel des 18. Jahrhunderts das Bürgertum nach England zu sehen und mit der Aufklärung kapitalistischen Geist auf feudalem Boden in sich aufzunehmen. Und mit der Aufklärung beginnen die Universitäten aufzuwachen. Seit dieser Zeit entwickeln sich die Universitäten zu großartigen Anstalten zur Ausbildung einer Elite von Söhnen des Bürgertums und der ihr folgenden Bourgeoisie. Erst mit dem Nationalsozialismus hört diese großartige Zeit auf, und wie schon bemerkt, werden die Universitäten zu Ausbildungsfabriken von Fachspezialisten. Das sind sie heute überall in der Welt, mit ganz wenigen Ausnahmen.

Das waren sie übrigens auch in den Ländern des »Realen Sozialismus«. Fachkräfte, nicht gebildete Bürger und Wissenschaftler, wurden an den Universitäten der DDR ausgebildet. Gewissermaßen aus Zufall entstand noch einmal eine Universität mit glanzvollen Lehrern für einige Jahre in Leipzig – mit Fritz Behrens und Ernst Bloch, Hans Mayer, Walter Markov und Werner Krauss –, aber sie wurde bald zerstört. Die Studenten sollten brav mitschreiben, und die so oft dogmatischen Gedankengänge ihrer Professoren möglichst auswendig lernen.

Ich will Dir von einem persönlichen Erlebnis an der Humboldt-Universität erzählen. Natürlich sprach ich meine Vorlesungen frei, erzählte von persönlichen Erlebnissen und gute Witze. Nicht, daß meine Vorlesungen höchstes Niveau hatten – wie ich es etwa als Schüler noch bei Willamowitz-Möllendorf erlebte.

Wenn dieser über griechische Götter sprach, dann hatte ich das Gefühl, er sei gerade von ihnen zu uns gekommen und berichtet nun von seinen Erlebnissen mit ihnen. Und nicht nur ich hatte das Gefühl, sondern auch viele der Zuhörer, darunter Studenten und Assistenten und Professoren anderer Fakultäten, höhere Beamte, Frauen der »guten Gesellschaft«, die alle kamen, um ihm zuzuhören. Ein solcher Lehrer und Redner war ich nicht. Aber ich ragte durch meine Art doch unter den anderen meiner Zeit hervor.

Eines Tages bat mich nun die FDJ-Leitung der Fakultät zu sich und beschwerte sich über die Art, wie ich meine Vorlesung halte. Die Studenten würden durch meine Art vom Mitschreiben abgelenkt, sie hörten mir zu gespannt zu. Und das wirke sich schlecht auf ihre Ausbildung aus.

Natürlich kümmerte ich mich nicht um diese »ernsten Vorwürfe«, aber Du siehst, was für ein Geist an unseren Universitäten herrschte. Nichts haben wir von der Großbourgeoisie gelernt!

Auch die Sonderausbildung von besonders Begabten wurde viel zu spät und von Professoren, die völlig überlastet mit Vorlesungen, Seminaren und Verwaltungsarbeit waren und wenig Zeit zur Forschung hatten, aufgenommen. Nein, unsere Universitäten waren alles andere als gute Bildungsanstalten für gebildete Bürger und, eventuell, spätere Gelehrte der DDR.

Urgroßvater, Du sagst, daß Du in den letzten Jahren nur noch ein Buch neu gekauft hast. Früher aber hast Du doch viele tausend Bücher neu gekauft. Kannst du nicht etwas ausführlicher über Deine Bibliothek erzählen?

Nein, das will ich nicht. Weißt Du, ich habe ja 1956 ein kleines Buch »Sechs Generationen auf Bücherjagd. Zur Geschichte meiner Bibliothek« für die Pirckheimer-Gesellschaft geschrieben, und da steht alles Wichtige über die Bibliothek drin. Seitdem habe ich vor allem zwei Teile der Bibliothek, Bibliographien und Autobiographien sowie amerikanische und englische Detektivromane, wohl zur schönsten privaten Sammlung dieser Gruppen vervollständigt.

Nur eine Geschichte fällt mir ein, die ich ergänzen sollte. Im Buche heißt es dazu (S. 13 f.):

»Entsprechend der Eigenart der Entwicklung unserer deutschen Geschichte sind die Bücher, die wir am längsten in Besitz haben, philosophischen Inhalts. Drei Quellen des Marxismus nennt Lenin. Eine ist die deutsche Philosophie von Kant bis Hegel und Feuerbach. Eines der Bücher unserer Bibliothek, das ich schon als Kind, unfähig noch, es zu verstehen, ja auch noch des Lesens nicht kundig, ganz besonders liebte, gelegentlich in die Hand nehmen und leise streicheln durfte, hatte der Großvater meines Urgroßvaters gekauft. Es handelte sich um Fichtes »Versuch einer Kritik aller Offenbarung«. In einer alten Auflage von Meyers Großem Konversations-Lexikon lesen wir darüber: Fichte ging, um Kants ›persönliche Bekanntschaft zu machen, 1792 nach Königsberg und schrieb, um sich bei demselben würdig einzuführen, binnen vier Wochen seinen ›Versuch einer Kritik aller Offenbarung‹ (Königsberg 1792, 2. Aufl. 1793). Diese Schrift war so ganz im Geiste der kritischen Philosophie, daß sie für ein Werk Kants gehalten wurde, bis dieser selbst den Verfasser nannte, empfahl und dadurch mit einem Mal zum berühmten Mann machte.‹

Verschämt verschweigt das Lexikon, daß man in dieser Zeit von Kant ein Werk über Fragen der Religion erwartete (es erschien faktisch 1793 unter dem Titel »Religion innerhalb der Grenzen der bloßen Vernunft«) und, als Fichtes Arbeit anonym erschien, man mit Unrecht vermutete, daß Kant nicht den Mut gehabt hätte, sein Buch unter den Bedingungen feudal-absolutistischen Terrors in eigenem Namen zu veröffentlichen. Nicht also die Ähnlichkeit der damaligen Anschauung Fichtes mit Kant, die auch bei anderen Philosophen der Zeit zu finden war, sondern die Erwartung einer Schrift von Kant zu diesem ›heißen Eisen‹ ideologischer Diskussion und die Vermutung, daß er sich nicht trauen würde, mit seinem Namen hinter seiner wissenschaftlichen Überzeugung zu stehen, veranlaßten das allgemein umlaufende Gerücht, daß die Schrift von Kant verfaßt sei.

Der Großvater des Urgroßvaters kaufte nun Fichtes Schrift offenbar ziemlich bald nach ihrem Erscheinen, und zwar broschiert. Man kann annehmen, daß sie ihm ungewöhnlich gefiel, denn er ließ sie gleich binden und auf den Rücken als Verfasser setzten: Kant.

So vieles war für uns mit diesem Bändchen verbunden – bis die Faschisten es raubten:

Einmal die lange Zeit, sechs Generationen der Familie hindurch, die es von uns gelesen und gepflegt worden war – gepflegt schon vom ersten Besitzer, der es binden ließ.

Sodann war es einzig in seiner Art – denn wer von denen, die Fichtes anonymes Werkchen 1792 kauften, ließ es binden?

Wer von denen aber, die es damals doch binden ließen, gab einen falschen Autor als Verfasser? Doch wohl niemand außer dem Großvater des Urgroßvaters! (Und wenn auf Grund eines unwahrscheinlichen Zufalls es doch ein anderer noch getan haben sollte, ist anzunehmen, daß das Buch auf unsere Tage gekommen ist?)«

Was ich vergessen habe, dort zu erzählen, ist, daß Kant mit C gedruckt ist, also als Cant auf dem Rücken der Broschüre steht. Und ebenso steht dort nicht, daß ich mich so oft über die Unbildung des Buchbinders und die Nachsicht des Großvaters meines Urgroßvaters mit diesem Buchbinder geärgert habe.

Und dann geschah folgendes. Vor etwa vier Jahren las ich in einem Detektivroman, daß der Großvater von Kant, ein Handwerker, mit seinem Sohn aus Schottland nach Tilsit ausgewandert wäre. Und die schottischen Kants schrieben sich natürlich mit C.

Gleich wollte ich diese Nachricht überprüfen. In meinem schon erwähnten Lexikon von Meyer fand ich dann den Satz: Kant, »Sohn eines Sattlermeisters, dessen Familie einer Tradition zufolge aus Schottland stammte«. Dann sah ich im Band XI meiner Kant-Ausgabe von Ernst Cassirer nach und fand dort folgende Bemerkung (S. 9):

»Was den Ursprung der Familie betrifft, so hat Kant selbst in einem Brief, den er im hohen Alter schrieb, darüber berichtet, daß sein Großvater, der zuletzt in Tilsit gewohnt habe, aus Schottland stamme: er sei einer von den vielen gewesen, die gegen Ende des 17. und zu Beginn des 18. Jahrhunderts emigrierten und sich teils in Schweden, teils in Ostpreußen angesiedelt hätten.« *) Und jetzt mein verrücktes und nicht zu korrigierendes Unwissen: Offenbar hat sich der Vater von Kant doch mit C geschrieben. War nun der Buchbinder oder der Großvater meines Urgroßvaters mit Kant so gut bekannt, daß sie den Namen des Philosophen gewissermaßen automatisch mit C auf den Rücken der gebunden Broschüre geschrieben haben?

Du siehst, was für interessante, nicht mehr zu lösende Familienrätsel eine Bibliothek aufgeben kann.

---

*)Brief an den Bischof Lindblom vom 13. Oktober 1797.

Urgroßvater: Wenn du die Möglichkeit hättest: Welche der von Dir begangenen Fehler und Dummheiten würdest Du im nachhinein gern ungeschehen machen?

Das ist eine viel interessanter Frage als Du ahnst. Man muß doch zuerst einmal unterscheiden zwischen Fehlern und Dummheiten, die zeitbedingt sind, und solchen, die personenbedingt sind.

Meine wichtigsten Fehler und Dummheiten sind zeitbedingt oder, vielleicht richtiger noch, umständebedingt. Bei solchen Fehlern ist es grundfalsch, zu glauben, man könnte nachträglich konstruieren, daß man sie im nachhinein irgendwie korrigieren könnte, ohne gleichzeitig auch die Zeit, die Umstände zu korrigieren. Dazu gehören zum Beispiel alle »stalinistischen« Fehler sowie Fehler, die ich aus falscher, aber ehrlicher »Parteitreue« gemacht habe. Die kann man doch nicht ungeschehen machen wollen, ohne die Umstände ungeschehen machen zu wollen. Und das letztere ist Unsinn. Kein einzelner ist verantwortlich für die Zeit, in der er lebt. Oder meinst Du, ich sollte mir wünschen, um eine ganze Reihe Fehler, die ich gemacht habe, zu vermeiden, nicht in die Partei eingetreten zu sein oder statt in die sowjetische Besatzungszone in die amerikanische aus dem Exil zurückgekehrt zu sein? Das würde ich mir wahrlich nicht wünschen! Außerdem weiß ich nicht, was für schlimmere Fehler ich unter anderen Umständen oder in einer anderen Zeit gemacht hätte.

Also alle so gemachten Fehler fallen aus unserer Betrachtung heraus.

Nun kommen wir zu wissenschaftlichen Fehlern. Da gibt es vor allem meine falschen Konjunkturprognosen: zweimal falsche Krisenvoraussagen. Aber das wäre doch wieder ein recht alberner Wunsch. Es würde doch bedeuten, daß ich nur wünschte, ich wäre ein unfehlbarer Konjunkturprognostiker gewesen. Aber einen wissenschaftlichen Fehler wünschte ich mir doch nicht gemacht zu haben. Du weißt, mein Lehrer und Freund Eugen Varga sagte nach dem Krieg voraus, daß die Welt des Kapitals sich von den Kriegsfolgen wieder erholen würde. Er bekam deswegen große Schwierigkeiten in der Sowjetunion, und sein großartiges Institut wurde geschlossen. In dieser Zeit veröffentlichte ich eine Broschüre, in der ich das Gegenteil behauptete. Du mußt verstehen, daß dieser Meinungsstreit unsere Freundschaft in keiner Weise trübte. Auch gab es noch keine Hetze gegen Varga, als ich meine Broschüre veröffentlichte. Auch hielt ich in der Zeit der Hetze nicht nur zu ihm, sondern auch zu seinen besten Schülern, die mit in den Dreck gezogen wurden, freundschaftlichen Kontakt. Für mich war es einfach ein Meinungsstreit zwischen Freunden. Ich brauche mir zu meinem Glück keinen Vorwurf zu machen, mich falsch verhalten zu haben. Aber ich habe in einer sich unglücklich gestaltenden Situation unglücklich gedacht und gehandelt. Diesen Fehler hätte ich liebend gern nicht gemacht.

Natürlich habe ich sicherlich eine Reihe wissenschaftlicher Fehler gemacht. Aber welcher Wissenschaftler hat das nicht getan? Es wäre doch albern, sich zu wünschen, ein fehlerloser Wissenschaftler zu sein.

Und von den wissenschaftlichen Fehlern sind wieder die persönlichen zu unterscheiden. Aber da gibt es nur einen wichtigen Fehler, den ich objektiv feststellen muß, über den ich aber unendlich glücklich bin. Ich hätte Deiner Urgroßmutter einen Mann gewünscht, dessen Leben weniger gefährlich, weniger aufregend gewesen wäre als das meine, und der im Haushalt praktischer hätte helfen können.

Gretel Kreipe fügt hinzu: und der ihr mehr von seiner Zeit gegeben hätte für ruhige Gespräche. Seine Zeit war zu stark und häufig zu rigoros auf seine Arbeit konzentriert.

Urgroßvater, mußt Du Dich dafür schämen, daß Du Dich irgendwann in Deinem wissenschaftlichen und politischen Leben wie ein Dogmatiker benommen hast?

Ja, natürlich muß ich das. Aber Du hast vergessen, daß es neben dem wissenschaftlichen und politischen noch ein persönliches Leben gegeben hat – persönlich soll heißen im Verkehr von Mensch zu Mensch. Und da war ich, glaube ich, nie dogmatisch. Das hätten schon die Urgroßmutter und die Kinder nicht erlaubt. Davor haben mich auch meine Lebenserlebnisse, meine Lebenserfahrungen bewahrt. Wie fern mir da jeder Dogmatismus lag, soll Dir folgende Geschichte beweisen.

Ich hatte seit meiner Kindheit einen guten Freund, ein Nachbarskind. Wir blieben viele, viele Jahre gute Freunde. Auch seine Frau und die Urgroßmutter wurden gute Freunde. Im Jahre 1933 nun wurde mein Freund denunziert, er hätte eine Kommunistin in seinem Haus aufgenommen. Die Gestapo kam und verhörte ihn, nahm ihn dann zum Gestapohauptquartier zu einem zweiten Verhör mit. Bei seinem ersten Verhör aber hatte er voller Angst ausgesagt, daß sein Nachbar, also ich, der ich links sei, das vielleicht getan hätte. Also kamen zwei Gestapoleute zu uns und nahmen mich ebenfalls zum Gestapohauptquartier mit. Dort konnte ich geschickt genug lügen, so daß man auch mir glaubte, daß ich nicht Kommunist wäre und keine Kommunistin beherbergte.

Als ich nach Hause kam, ohne von der Denunziation meines Freundes zu wissen, gingen die Urgroßmutter und ich gleich zu unseren Nachbarn, um unsere Erfahrungen auszutauschen.

Und da gestand mein Freund, daß er die Gestapo auf mich aufmerksam gemacht hätte. Und weißt Du, ich habe ihm sofort und ganz ehrlich verziehen. Ich hatte ihn bei all seinen guten Eigenschaften nie für mutig gehalten, Feigheit unter Gestapodruck ist wahrlich keine gute Eigenschaft. Aber wer kann schon von sich sagen, daß er keine schlechten Eigenschaften hätte, wer muß unter allen Umständen mutig sein? Wir blieben die besten Freunde wie in den vorangegangenen fast 20 Jahren.

Natürlich ist das ein extremer Fall von »undogmatischem« Verhalten anderen Menschen gegenüber. Aber das ist kennzeichnend für mich. Dogmatiker im Denken? Ja, leider oft, wenn auch weniger oft als die meisten unserer Wissenschaftler. Dogmatiker in der Politik? Leider die gleiche Antwort. Dogmatiker den anderen Menschen gegenüber, in der Beurteilung? Ich glaube; Nein, keinesfalls.

Und auch etwas für mich Erstaunliches wurde mir durch dieses Gestapo-Erlebnis klar. Du weißt, sowohl die jüdische wie die christliche Religion verlangen, daß man stets die Wahrheit sagt, daß man unter keine Umständen lügen darf. Hätte ich vor der Gestapo also die Wahrheit sagen sollen? Hätte ich meine Genossen, mit denen ich täglich zusammen illegal arbeitete, verraten sollen? Natürlich nicht!

Die Lehren so mancher Religionen für den Menschen hier auf Erden sind großartig. Aber sie können erst in einer sozialistischen Gesellschaft verwirklicht werden, in einer Welt, in der der Sozialismus gesiegt hat. Frage einen Rabbi oder einen Priester bzw. Pastor, wie ich mich als frommer Jude oder Christ vor der Gestapo hätte verhalten sollen. Er würde höchst verlegen werden.

Darum meine ich auch, daß alle Juden und alle Christen, die

es ehrlich mit ihrer Religion meinen, für eine sozialistische Gesellschaft kämpfen müssen. Nur in ihr können alle ihre Lehren, die sich auf das Leben hier auf Erden beziehen, verwirklicht werden.

Du siehst, welche so ganz verschiedenen Folgen die Gestapo-Verhaftung mit nachfolgendem Verhör für mich hatte.

Urgroßvater, vor einigen Jahren hattest Du nach dem beliebten Fragebogenspiel der Familie Marx angegeben, Deine Lieblingsmaxime sei »An allem ist zu zweifeln, außer an der Methodenlehre des dialektischen und historischen Materialismus«. Hast Du schon mal an Dir gezweifelt? Und wenn ja – warum?

Die Antwort lautet ganz kurz und bestimmt: Nein! Aber wenn du mich gefragt hättest: Hast du Dich schon einmal über Dich geärgert, dann hätte die Antwort gelautet: Schon einmal? Nein, hundertmal mehr! Und gar manche Fehler, die ich gemacht habe, und über die ich mich geärgert habe, schienen mir im Nachhinein unverzeihlich, »zu blöde«.

Vielleicht hängt die Tatsache, daß ich nie an mir gezweifelt habe, damit zusammen, daß ich nie zu hoch von mir gedacht habe. Ich glaube, ich habe immer ein berechtigt bescheidenes Urteil betreffend meine Fähigkeiten und Leistungsmöglichkeiten gehabt – genau wie mein Vater.

Urgroßvater, zum Schluß noch eine Frage: Möchtest Du Dein Leben noch einmal so leben?

Darauf gibt es zwei Antworten.

Die erste lautet: Unter den Umständen des 20. Jahrhunderts hätte ich wahrlich nichts dagegen, das gleiche Leben noch einmal zu leben.

Die zweite lautet: Wahrlich, man kann der Menschheit nichts Schlimmeres wünschen als ein zweites Jahrhundert wie das zwanzigste.

Zu lapidar die Antwort? Vielleicht. Das liegt wohl daran, daß ich die Frage als die einzige, die ich nicht so klug und interessant finde, ansehe. Doch wenn ich daran denke, wieviele Leser des Vorangehenden mit Recht der Ansicht sein werden, daß die Fragen an mich öfter ein höheres Niveau hatten als meine Antworten, dann bin ich riesig froh über, und ganz riesig dankbar für diese letzte Frage – ganz ehrlich!

Nun gut, dann muß ich eben zu allerletzt den Spieß umdrehen. Denn ich frage mich, wie es um Deine Neugier mir gegenüber bestellt ist. Gibt es eine Frage, die Du, Urgroßvater, mir, Deinem Urenkel, unbedingt stellen möchtest?

Ja, und diese Frage ist zugleich eine Mahnung:

Bist Du Dir auch bewußt, wie Du Dein Leben gestalten willst, wenn Dir klar ist, aus was für einer Familie Du stammst? Aus einer Familie, die seit fast 250 Jahren stets über Männer und Frauen verfügte, die »linker« politischer Gesinnung waren, aus einer Familie, in der seit 150 Jahren Mitglieder wegen dieser Gesinnung ins Gefängnis kamen oder ins Exil gehen mußten bzw. dort geboren wurden, aus einer Intelligenzfamilie, in der sich in jeder Generation Mitglieder für das Wohl des »gemeinen Volkes«, dem sie nicht angehörten, einzusetzen bemühten.

INHALT

nicht besonders magst, das Dich aber toleriert und duldet und nicht anfeindet. Die Schwelle, bevor der Staat gegen Kritiker einschreitet, ist in der BRD offensichtlich höher als in der DDR. Hat der Kapitalismus damit nicht bewiesen, daß er mit »Regimekritikern«, wie Du einer bist, viel toleranter umgehen kann als der Sozialismus? 39

*

Urgroßvater, ich habe gelesen, daß es heute keinen nationalen Kapitalismus mehr gebe, nur noch eine kapitalistische Weltwirtschaft. Stimmt das? Und wie steht es mit der »Eurowährung«, mit Maastricht? 44

*

Urgroßvater, ja, die Situation im Kapitalismus ist schlimm, ist erschreckend. Überall, in der Regierung, beim Kapital die Forderung nach Sparsamkeit, nach Abbau der Sozialversicherung – und dabei wachsen die Armut und die Zahl der Millionäre. Stimmt es, wenn ich das zuletzt Bemerkte das Schlimmste, wie Du sagen würdest, das Barbarischste am Kapitalismus nenne? 49

*

Deine Worte, Urgroßvater, verstehe ich auch als indirekte Kritik einer vereinfachten Darstellung der »Verelendungstheorie«. Dieser Irrglauben besagt: je ärmer, desto revolutionärer die Massen. Aber gerade die deutsche Geschichte hat uns ja eines Schlimmeren belehrt: Radikalisierung ist nicht gleich Revolutionierung, und sie kann nach links oder rechts gehen. Sicher, der Masse der Arbeitslosen geht es immer noch nicht existentiell »elend«, wie sie auch kaum politisches Gesamtinteresse aufbringt. Aber besteht nicht angesichts der wirtschaflichen Misere in der Welt des Kapitals, einschließlich Deutschland, die Gefahr eines politischen Rechtsrucks? 68

*

Was Du sagst, Urgroßvater, bestärkt mich in einer Fragestellung, die mich nun schon seit längerem beschäftigt: Gehört denn die »soziale Marktwirtschaft« überhaupt zum Wesen des Kapitalismus? Oder ist sie eigentlich nur eine Erfindung aus Zeiten des Kalten Krieges, quasi geboren in der Systemauseinandersetzung mit dem Sozialismus in Europa? Wurde hier aus der Not eine Tugend gemacht? M.E. sprechen für letzteres folgende Tatsachen: Zum einen ist der Weltkapitalismus mitnichten durch solche »sozialen Netze« wie in West- und Nordeuropa gekennzeichnet. Zum anderen gibt es mindestens seit sechs Jahren auf sozialpolitischem Gebiet ein roll back. (Die Einzelheiten lesen wir täglich in den Zeitungen.) Warum? Weil die DDR nicht mehr als unsichtbarer dritter Verhandlungspartner bei den Tarifrunden mit am Tisch sitzt, weil auch die sozialpolitischen Errungenschaften der DDR keine Schaufensterwirkung auf den Westen mehr erzielen? Kann sich das kapitalistische System also jetzt erst ungestraft leisten, davon abzurücken und damit zu seinem wirklichen Wesen zurückzukehren? Läßt man jetzt die Hosen herunter und zeigt sein wahres Gesicht? 70

*

Urgroßvater, auch wenn sie scheinbar unseriös klingt, gestatte folgende Zwischenfrage: Vor einigen Jahren hatte der Rocksänger Rio Reiser – übrigens PDS-Mitglied – großen Erfolg mit seinem Song »Wenn ich König von Deutschland wär«. Was würdest Du heute als erstes tun, wenn Du deutscher Bundeskanzler wärst, oder sagen wir zumindest Wirtschafts- oder Finanzminister? 73

*

Urgroßvater, wer ist denn nun Schuld am Ende der DDR und der Niederlage des »real-existierenden Sozialismus«: Honecker, Mittag, Mielke, Gorbatschow oder der Kapitalismus mit Kohl und Reagan? Oder warst Du mit vielen anderen – die eben nur mehr als ihre Pflicht getan haben – maßgeblich daran beteiligt, daß er nicht schon viel früher gescheitert ist? 74

*

Du scheinst mich etwas falsch verstanden zu haben, Urgroßvater. Als ich nach Deiner Mitschuld und Mitverantwortung am Scheitern des Sozialismus in der DDR fragte, meinte ich das im Verhältnis von Aktivisten, Neuerern, Vorwärtsdrängern und produktiven Unruhestiftern zu den Passiven, Mitläufern, die kaum mehr als ihre Pflicht taten, die zwar meckerten, aber brav auf der 1.Mai-Demonstration mitlatschten, die heimlich nörgelten, aber fast alles hatten und nie öffentlich aufmuckten. Du und viele andere haben deren Manko selbstlos wieder wettgemacht. Hättest Du das nicht getan, wäre dann die DDR nicht schon viel früher zusammengebrochen? 81

*

Urgroßvater, einige bezeichneten Dich zu DDR-Zeiten als einen »Unruhestifter«. Nun sehe ich Unruhe nicht von vornherein als etwas negatives an, sie kann vielmehr durchaus produktiv sein. Wann und wie hast Du in diesem Sinne als »Unruhestifter« gewirkt? 82

*

Urgroßvater, manchmal scheint mir, als wären die vermeintlichen »Triebkräfte des Sozialismus«, die »Vorzüge und Errungenschaften« der DDR in Wirklichkeit irgendwann zu Hemmnissen der Entwicklung geworden – der sichere Kindergarten- und Arbeitsplatz, irgendwann die grotesk billige Neubauwohnung, die gestützte Schulspeisung, der Ehekredit, den man durch Kinder »abzahlen« konnte. DDR-Nostalgiker führen dies ja immer noch als die großen Errungenschaften auf, die die DDR lebenswert gemacht hätten. Ich finde aber, daß sie manche Eigeninitiative, zahlreiche

Leistungsmotivationen erstickt haben, nach der Devise: Vor dem Parteitag werden dem Volk ein paar Geschenke gemacht, und das Volk verharrt demütig in Dankbarkeit. Wie siehst Du diese subventionierten Güter und die zweite Lohntüte? Haben die Deiner Meinung nach mehr genützt oder geschadet – denn daß sich die DDR eigentlich weder das Wohnungsbauprogramm noch die gestützten Brotpreise wirklich leisten konnte, steht ja heute außer Frage. Wäre es nicht leistungsanreizender und ökonomisch sinnvoller gewesen, alle Preise so zu bilden, wie es den Herstellungskosten entspricht? Was sagst Du als Ökonom dazu? 84

*

Urgroßvater, wie so viele DDR-Bürger auch, hast Du von einem besseren Sozialismus geträumt und viel dafür getan. Du hast auch geglaubt, Gorbatschow könnte die Kraft der großen Reform des Sozialismus haben. Doch Gorbatschow wurde zum Totengräber des Sozialismus. Wäre es da – für einen alten Sozialisten wie Dich – nicht besser gewesen, Gorbatschow wäre nicht gekommen, und man hätte den mangelhaften Sozialismus behalten statt gar keinen? 86

*

Urgroßvater, in den vergangenen Jahren bist Du scharf mit Stalin ins Gericht gegangen, jedoch übst Du an Lenin keine Kritik. Sind aber die Wurzeln sozialistischer Fehlentwicklung nicht schon bei Lenin zu suchen? 93

*

Urgroßvater, mich beschäftigt sehr Deine Einschätzung von Lenin und Stalin, die ich in bezug auf Lenin eigentlich gar nicht teile. So sehr Du Lenin lobst, so sehr verdammst Du Stalin. Was ich aber bis heute nicht weiß, ist: Warum konnte im Umfeld des so klugen Lenin ein solcher Verbrecher wie Stalin politisch heranwachsen? Hat nicht Stalin einfach die Methoden von Lenin nur ein bißchen vrschärft, ein bißchen radikalisiert – und den von Lenin erfundenen Gulag nur ein bißchen mehr auf »Volksfeind« getrimmt – wie eben die bürgerliche Geschichtsschreibung zum Teil Lenin als den Erfinder des modernen Konzentrationslagers beschreibt und Stalin mithin als seinen genuinen Nachfolger? Oder, wenn das nicht stimmt, wie konnte dann der kluge Kopf Lenin so blind sein und nicht sehen, was Stalin für einer war – denn Charaktere ändern sich ja nicht plötzlich und nur, weil sie Macht haben. Oder doch? Du siehst, ich bin in dieser Frage ganz und gar ratlos und lasse mir von Dir gern den Kopf zurechtrücken. 103

*

Urgroßvater, eine meiner vorangegangenen Fragen ist ja – marxistisch gesehen – ganz und gar idealistisch. Sie läßt glauben, Männer machen Geschichte. Du hast aber immer gesagt, Klassen machen Geschichte. Wäre der Sozialismus auch zusammengebrochen, wenn Gorbatschow nicht gekommen wäre, nur eben später oder früher? War es also die historische Mission des Sozialismus, wieder zu verschwinden? Marx deutete das ja an, nur meinte er, danach käme der Kommunismus? 105

*

Ist es nicht auch so gewesen, Urgroßvater, daß die Führungen der Länder des »Realsozialismus« die Ideen von Marx, Engels und Lenin nicht nur dogmatisiert, sondern auch für ihre beschränkten pragmatisch-politischen Ziele mißbraucht haben? So sprachen Marx und Engels von der »Diktatur des Proletariats« als einer Übergangsperiode, aber in der SU, der DDR und anderswo wurde damit die »Verschärfung des Klassenkampfes im eigenen Land« sowie der Überwachungs- und Unterdrückungsapparat »begründet«. Andererseits scheint mir, daß kaum jemand tiefer darüber nachdachte, was Marx z.B. im »18.Brumaire ...« schrieb, daß nämlich die proletarischen Revolutionen des 19. Jahrhunderts beständig sich selbst kritisieren. Sie »unterbrechen sich fortwährend in ihrem eigenen Lauf, sie kommen auf das scheinbar Vollbrachte zurück, um es wieder von neuem anzufangen, verhöhnen grausam-gründlich die Halbheiten, Schwächen und Erbärmlichkeiten ihrer ersten Versuche, scheinen ihren Gegner nur niederzuwerfen, damit er neue Kräfte aus der Erde sauge und sich riesenhaft ihnen gegenüber wieder aufrichte, schrecken stets von neuem zurück vor der unbestimmten Ungeheuerlichkeit ihrer eigenen Zwecke, bis die Situation geschaffen ist, die jede Umkehr unmöglich macht ...« Urgroßvater, kannst Du Dir eine bessere Beschreibung heutiger Zustände vorstellen? 111

*

Aber Urgroßvater, es hat doch schon einen »wahren Sozialismus« gegeben, nämlich eine ideologische Richtung, die Marx und Engels im Kommunistischen Manifest so sehr kritisiert haben. Meinst du nicht, daß sie auch sehr energisch gegen Deine Vorstellungen vom Kommunismus protestiert hätten? Sie hielten ja den Kommunismus gar nicht für ein Ziel, sondern für eine wirkliche Bewegung; bei Dir dagegen scheint er bloßes Ideal zu sein, das schon irgendwann – aber wie? – erreicht werden wird. 112

*

Also ist für Dich, Urgroßvater, auch mit dem Ende der DDR und des »Realsozialismus« in Osteuropa keine Welt zusammengebrochen, keine Vision und Utopie gestorben? 118

*

Urgroßvater, wie schätzt Du die Führung der SED in den Jahren 1945 bis 1989 ein? Wie Wilhelm Pieck und Walter Ulbricht, Otto Grotewohl, Erich Honecker und Kurt Hager, die Du ja alle näher gekannt hast? 119

*

Entschuldige Urgroßvater, aber irgendwie kapiere ich das immer noch nicht: Einerseits bezeichnest Du Dich als »schärfsten öffentlichen Kritiker« Honeckers, andererseits hast Du – beispielsweise in dem Buch »Erich Honecker in Berlin« oder in einem »Weltbühne«-Artikel – maßlos gelobhudelt. Wie konntest Du in und mit einem solchen Widerspruch leben? 142

*

Urgroßvater, Du hast über vier Politbüromitglieder berichtet, wie du mit ihnen gestanden und was Du von ihnen gehalten hast. Drei von ihnen leben nicht mehr. Aber während wir uns unterhalten, stehen Kurt Hager und andere als Angeklagte, als Verbrecher vor Gericht. Heute weißt Du sicher mehr über ihre Tätigkeit als damals, als Du sie öfter sahst. Hältst Du sie nach allem, was Du heute über sie weißt, auch für Verbrecher? 151

*

Urgroßvater, Du betonst des öfteren, daß einzelne Mitglieder der Parteiführung Dich oder Dein Institut oder eine Deiner Veröffentlichungen »gerettet« haben, und scheinst damit immer noch ganz zufrieden zu sein. Aber ist denn dieses Gnade-Ungnade-Problem nicht auch ein Ausdruck der furchtbaren Zustände gewesen, der persönlichen Abhängigkeitsverhältnisse? Und was meinst Du in diesem Zusammenhang zu der Behauptung des Philosophen Adorno, es sei unmöglich, im falschen Leben ein richtiges zu führen? 157

*

Urgroßvater, Du hattest mir im ersten »Dialog« gesagt, es sei bis 1939 gewissermaßen »klar« gewesen, daß Du »nach der Revolution« Wirtschaftsminister werden solltest. Und wenn Du dann noch ins Politbüro gekommen wärst? Meinst Du nicht, daß alle, die da reingekommen sind, »Verbrecher« werden mußten, daß das am »System« lag? Beide Worte seien in Anführungsstriche gesetzt, weil erstens auch die PB-Mitglieder besten Charakters (also zum Beispiel Wilhelm Pieck) in ihrer Funktion »Verbrecher« im Sinne der griechischen Tragödie waren: Unschuldig schuldig geworden, und zweitens doch auch die antiken Tragödiendichter kein System dargestellt haben, das verbrecherisch gewesen ist, sondern eine Welt, in der es, selbst unter den Göttern, bessere und miesere Charaktere gegeben hat. A propos miesere Charaktere: Die hatte wohl auch Lenin im Sinn, als er davor warnte, eine Funktion solcher Machtfülle, wie die des Generalsekretärs, mit jemandem wie Stalin zu besetzen (wobei er ja im »Testament« niemand anderen nennen konnte). Er war also nicht gegen die Machtfülle als solche – aber wäre es nicht besser gewesen, gar nicht erst so machtvolle Funktionen zuzulassen? 161

*

Urgroßvater, Du hast recht, man muß das Leben Unten kennen, wenn man zum Volk sprechen und von ihm verstanden werden will. Hast Du das gekonnt? 186

*

Urgroßvater, wieso meinst Du, daß es keinen undemokratischen Sozialismus geben könne? Du hast beispielsweise über die Blutgesetzgebung im englischen Frühkapitalismus geschrieben, und das, wo England doch das Geburtsland der bürgerlichen Demokratie war. Der von Dir so geschätzte Heiner Müller hat einmal die Rolle der Stalinschen Lager beim Aufbau des Sozialismus mit der der englischen Blutgesetzgebung beim Aufbau des Kapitalismus vergleichen. Und auch bürgerliche Demokratie und Faschismus haben ja dieselbe ökonomische Grundlage. Glaubst Du denn, daß der Sozialismus als Resultat unbefleckter Empfängnis entstehen wird? Wie soll das denn überhaupt gehen mit Menschen, die in einem Gesellschaftssystem leben, das auf dem Wege in die Barbarei ist, mit Menschen, die auf dem Wege sind, Barbaren zu werden? 190

*

Nimm es mir nicht übel, Urgroßvater, aber das Letztgesagte bleibt für mich ein Traum. So, wie der »neue Mensch« nach 70 bzw. 40 Jahren Sozialismus ein Traum geblieben ist. Selbst in Kuba läßt Che Guevaras »neuer Mensch« auf sich warten ... Ich sehe es sogar noch schärfer: Beispielsweise hatten es sich die meisten Menschen in der DDR bequem eingerichtet, viele versuchten, »mit dem Arsch an die Wand zu kommen«, mitzunehmen, was mitzunehmen ist (bis zu Diebstahl aus den »volkseigenen« Betrieben), aber das Mehr an Engagement und Initiativen, das für den Aufbau der neuen Gesellschaft notwendig gewesen wäre, das fehlte. Diese alte Bequemlichkeit führte auch zum Ende der DDR: Lieber der bequeme Schoß von D-Mark und BRD, aber »keine Experimente mehr!« Zugespitzt könnte ich auch formulieren, daß ich keinen Glauben mehr an Aufklärung und Erziehung der Menschen habe. Beispielsweise schreiten sie trotz umfassender Warnungen in Siebenmeilenstiefeln in eine ökologische Weltkatastrophe. 195

*

Urgroßvater, Du hast zwar einiges über vergangene »realsozialistische« Länder gesagt, aber nichts über die noch überlebenden, in denen doch noch fast ein Viertel der Menschheit lebt. Was meinst Du von ihnen? 197

*

Urgroßvater, ich verstehe ja Deine Begeisterung über den wirtschaftlichen Aufschwung in China, aber mir ist das etwas unheimlich: Seit 1921, als in Sowjetrußland einerseits die NÖP begonnen und andererseits der Kronstädter Aufstand zusammengeschossen und das Verbot der Fraktionsbildung erlassen wurde, gehen ökonomische Liberalisierung und politische

Repression im Sozialismus zusammen. Und umgekehrt hat die politische Demokratisierung unter Gorbatschow nicht nur zu einem Zusammenbruch der Kommandowirtschaft geführt, sondern zum vollständigen Zusammenbruch des Wirtschaftsystems. Ähnliches wurde wohl 1968 von den »hardlinern« in Bezug auf Prag befürchtet. Wie ist im Sozialismus beides zusammen überhaupt zu realisieren, ökonomische Selbstregulierung und politische Demokratie? 201

*

»Laßt tausend Blumen blühen!« hattest Du 1957 öffentlich gefordert. Warst Du damals plötzlich zum glühenden Anhänger Maos geworden oder wolltest Du den Marxismus als »Revisionist verwässern«? 204

*

Urgroßvater, wie würdest Du das kulturelle und wissenschaftliche Leben in der alten BRD und der DDR sowie heute in Westdeutschland und Ostdeutschland vergleichen? 205

*

Zwischenfrage – entschuldige die Unterbrechung: Urgroßvater, ich verstehe ja, daß Dir Deine Freunde aus der alten DDR näher stehen als Deine Kollegen aus der alten BRD. Aber hältst Du es wirklich für gerechtfertigt, von Überlegenheit zu sprechen, wenn keiner von ihnen die Grundübel des Realsozialismus wirklich erkannt hat (außer vielleicht Fritz Behrens, und der schrieb für die Schublade)? Lange vor 1989 hat der westdeutsche Philosoph Plessner einmal gesagt: Wir kommen immer noch früh genug zu spät. Meinst Du nicht, daß dies Wort auf beide Seiten zutrifft, daß im Herbst 1989 keiner der führenden Wissenschaftler (weder in der DDR noch in der BRD) eine Ahnung von dem hatte, was da auf sie zukam, daß sie in der Beziehung wirklich gleich gut bzw. gleich schlecht waren? Aber vielleicht, Urgroßvater, sollte ich die Frage noch schärfer stellen: Du hast einmal geschrieben, die marxistischen Gesellschaftswissenschaften seinen Zaunkönige auf den Adlerschwingen von Marx und Engels. Aber habt Ihr denn wenigstens so weit wie die Adler gesehen (und zwar in dem Sinne, wie George Herbert schon 1640 schrieb: Ein Zwerg auf des Riesen Schultern sieht von den beiden weiter)? Der alte Engels hatte geschrieben, daß ein Staat, der gegen die wirtschaftlichen Entwicklungen angehe, auf die Dauer in jedem modernen Volk kaputtgeht. Ihr habt das alle gelesen, sogar zitiert, aber keiner hat das eigene System so gesehen. Warum? Und wer auf solchen Adlerschwingen nichts sieht, ist der objektiv nicht viel schlechter als ein bürgerlicher Habicht? 209

*

Urgroßvater, ist Dir aus der Geschichte vergleichbares bekannt, daß bei einem Macht- und Systemwechsel so mit der Intelligenz, Elite und einstigen Führungsschicht eines Landes umgegangen wurde, wie es die Regie-

MICHAEL RAUHUT:
SCHALMEI UND LEDERJACKE

Udo Lindenberg, BAP, Underground: Rock und Politik in den achtziger Jahren

352 Seiten, mit ca. 50 Fotos, Broschur, 12,5 x 20 cm
ISBN 3-89602-065-X, 29,80 DM / 225 öS / 24,80 sFr

Udo Lindenbergs bereits versprochene große Open-Air-Tournee findet nicht statt. BAP reist noch vor dem ersten Auftritt ab, die Tour ist geplatzt. Neonazis überfallen ein Konzert in der Zionskirche, Polizei und Stasi sehen tatenlos zu. Deutsch-deutsche Fälle in Rockmusik und Politik.

Geschenke und Briefe gingen hin und her: Udo Lindenbergs schickte eine Lederjacke, Erich Honecker eine Schalmei. Doch die bereits versprochene große Open-Air-Tournee findet nicht statt. BAP reist noch vor dem ersten Auftritt ab, die Tour durch die DDR ist geplatzt. Ein Lied hatte den Zorn der Organisatoren von »Rock für den Frieden« heraufbeschworen. Internationale Stars wie Bruce Springsteen, Bob Dylan und Joe Cocker feiern große Open Airs in Ostberlin, Musik-Manager aus Ost und West planen gar ein neues Woodstock, das Politbüro gibt seinen Segen dazu. Wunderwaffe Westkonzert?

Diese spektakulären »Fälle« dienen Rauhut schließlich als Aufhänger, um den kurvenreichen Gang des DDR-Rock im ganzen unter die Lupe zu nehmen. Mit Fingerspitzengefühl und faszinierender Akribie spürt er Trends, Protagonisten, Highlights und Tiefen auf. Da werden Hintergründe der Aktion »Rock für den Frieden« erhellt, deutsch-deutsche Rockkontakte resümiert, Interna über das Zusammenspiel von Underground und Stasi aufgerollt. Der Leser erfährt Details über das Zustandekommen der großen Open airs mit internationalen Stars wie Bruce Springsteen, Bob Dylan und Joe Cocker, über die Reaktionen der Medienmogule und Politbürokraten auf die Glasnost-Rocksongs von Silly, City und Pankow oder über Fragen wie Gagen, Reisepässe, Auflagenhöhen von Schallplatten.

Kurzweilig erzählt, bietet das Buch eine exklusive Bestandsaufnahme des politischen Umgangs mit Rockmusik in der DDR der achtziger Jahre. Songtexte, Fotos und Dokumente geben dem reichen Material eine zusätzliche sinnliche Ebene. Deutsch-deutsche Fälle in Rockmusik und Politik – kenntnisreich beschrieben von einem der besten Kenner des deutsch-deutschen Rockgeschäfts der 80er Jahre.

JUTTA RESCH-TREUWERTH
UNTER VIER AUGEN
Liebesbriefe aus zwei Jahrzehnten

320 Seiten, mit ca. 40 Fotos, Broschur, 12,5 x 20 cm
ISBN 3-89602-063-3
24,80 DM / 180 öS /24,80 sFr

»Unter vier Augen« von Jutta Resch-Treuwerth war die meistgelesene Rubrik der Tageszeitung Junge Welt. Zehntausende schrieben und wollten mit ihren Fragen und Nöten zur Sexualität nicht allein sein. Sie schrieben von Liebesleid, Liebesfreud, Lebensgeschichten. Intime Briefe, doch mit Millionen Lesern. Jutta Resch-Treuwerth hat eine Auswahl von unveröffentlichten Briefen aus den beiden letzten Jahrzehnten der DDR getroffen.

Unter vier Augen« – so hieß die bekannte Ratgeberserie in der »Jungen Welt«, der auflagenstärksten Tageszeitung der DDR. Über zwanzig Jahre wurde diese Rubrik von Jutta Resch-Treuwerth betreut. Zehntausende von Briefen gingen während dieser Zeit durch ihre Hände. Frauen und Männer, Mädchen und Jungen, wollten nicht nur wissen, wie man richtig küßt oder wann man zum ersten Mal Geschlechtsverkehr haben darf, sie suchten Rat und Beistand, mitunter auch Trost. So die Frau, die ihren gewalttätigen Ehemann anzeigen wollte und von der Volkspolizei weggeschickt wurde, sie solle sich erst einen »Prügelattest« besorgen. Oder der Offiziersschüler, der seiner Freundin die Antibabypillen wegnahm und sich dann wunderte, warum sie den Hochzeitstermin absagte. Oder der junge Schwule, der an seiner Sehnsucht nach Liebe verzweifelte ...

Sie alle schrieben nicht nur von ihren Liebeskonflikten, sondern ihre Lebensgeschichte. Sie schrieben sich ihren Kummer von der Seele, weil sie sonst niemanden hatten, dem sie sich anvertrauen konnten oder weil sie alles einmal jemandem sagen wollten, der unvoreingenommen ist.

In Jutta Resch-Treuwerth fanden sie eine solche Partnerin. »Unter vier Augen« wuchs eine Brücke von Offenheit und Vertrauen, die in der modernen Medienlandschaft wohl einmalig ist. Davon zeugt auch die Briefauswahl in diesem Buch. Es sind authentische Zeugnisse von Menschen, über sich, ihre Gedanken und intimen Gefühle sowie über ihre kleine und große Umwelt. Auf Papier gebracht ohne Angst, seine Innerstes preiszugeben. Geschrieben in den 70er und 80er Jahren in der DDR und somit ein Stück erinnerungswürdiger Zeitgeschichte. Und für die heutigen Leser vielleicht ein Spiegel, in dem man sich selbst besser erkennen kann.

JÜRGEN KUTTNER: DAS GROSSE SPRECHFUNK-LESEBUCH

2. Auflage, Mit ca. 50 Abbildungen, 320 Seiten, Broschur, ISBN 3-89602-040-4; 24,80 DM / 180 öS / 25,80 sFr

JÜRGEN KUTTNER & STEFAN SCHWARZ: EXPERTENGESPRÄCHE – DAS ZWEITE SPRECHFUNK-LESEBUCH

272 Seiten, mit 50 Abbildungen
ISBN 3-89602-052-8; 24,80 DM/180 öS/24,80 sFr

»Im Unterschied zu anderen Experten, die mit ernsthafter Miene im selben Nebel stochern, finden Kuttner und sein gleichermaßen wortwitzbegabter Sekundant Stefan *Dusty* Schwarz dabei stets den Punkt, an dem Geschwafel Spaß macht.« *Mitteldeutsche Zeitung,*

»Im Radio tauchen die geschliffenen Gedankenspiele der Kategorie *Höherer Blödsinn* nur gelegentlich auf, im Buch kann man sie pausenlos genießen. Mit einer gehörigen Portion schwarzen Humors gewürzt und garniert mit treffsicheren Seitenhieben, findet hier Wort-Fechten statt. Respektlos gegen alles und jeden, teils direkt, teils hintersinnig, mit mehr oder weniger Tiefgang werden hier kausale Zusammenhänge enthüllt, enorm komisch.« *Die Welt*

»Wem Kuttners Erörterungen zur ballistischen Pinkelkurve bei Männern oder die Frage, ob Kühe auf den schwarzen Flecken mehr schwitzen als auf den weißen, als zu plemplem erscheint, der hat Kuttner nicht begriffen.« *ND*

»Kuttner – vielleicht sollte man ihn angesichts seiner Fans auch Kult-ner nennen – ist unheimlich schlagfertig, die Pointen sitzen. Bewußte Mißverständnisse, Übertreibungen, Situationskomik, bloßer Ulk und schlitzohriger Hintersinn – das ergibt einen Mix, der seinesgleichen sucht.« *Lausitzer Rundschau*

GREGOR GYSI: FRECHE SPRÜCHE

Herausgegeben von Jörg Köhler und Hanno Harnisch

3. Auflage, 264 Seiten,
mit ca. 50 Abbildungen
Broschur, 12,5 x 20 cm
ISBN 3-89602-041-2
24,80 DM / 180 öS / 25,80 sFr

»Der Band, der Humor, Selbstironie und auch witzelnde Eitelkeit des Ostpolitikers dokumentiert, stößt zunehmend auch bei westdeutschen Lesern auf Interesse.« *Der Spiegel*

»Gysis glänzende Paraden auf verbale Attacken schicken den Leser auf eine Entdeckungsreise in das Land der sprachlichen Meisterschaft. Die ›Frechen Sprüche‹ sind eine interessante Lektüre und das Porträt eines Medienstars, der dieses Attribut wirklich verdient.«

Freie Presse Chemnitz

»Daß Gysi in puncto Eloquenz, Intelligenz und Schlagfertigkeit das Format einses Volkstribuns ausfüllt, wird in diesem Querschnitt durch Bonmots, Briefe und Diskussionsbeiträge mehr als deutlich.«

Neue Westfälische

»Das Buch macht Spaß. Und den soll Politik ja auch ab und an bringen.«

Neues Deutschland

»Denkanstöße kommen in der Regel aus der Provokation. In diesem Sinne kann ich gerade Leuten, die der PDS fernstehen, das Buch empfehlen.« *Saarländischer Rundfunk*

»Auch das mußte einem als PDS-Kritiker über kurz oder lang auf den Schreibtisch flattern: Eine Art Mao-Bibel für die Fan-Gemeinde des kleinen Berliners mit der großen Klappe – schon in dritter Auflage ... Doch auch die freundlichste Verpackung kann nicht über die Gefährlichkeit Gysis und seiner Genossen hinwegtäuschen.« *Bayernkurier*

GUNDERMANN: ROCKPOET UND BAGGERFAHRER

Gespräche mit Hans-Dieter Schütt

320 Seiten, mit 50 Abbildungen
Broschur, 12,5 x 20cm
ISBN 3-89602-055-2
24,80 DM / 180 öS / 24,80 sFr

Gerhard Gundermann ist ein Original des deutschen Ostens: Baggerfahrer und Rockpoet zugleich. Er arbeitet in drei Schichten im Lausitzer Tagebau; nach Feierabend und im Urlaub geht er mit Rockband *Gundermann & Seilschaft* auf Tournee. Nun gibt es Amateurkünstler in Massen, aber Gundermann ist ein ungewöhnlicher Liedermacher, denn: Seine Musik ist deutsches Spitzenprodukt. Hart und lyrisch, kantig und weich, angriffslustig und melancholisch, anarchisch und märchenhaft. »Damit«, so schrieb die *Süddeutsche Zeitung*, »könnte er klangvolle Namen glatt übertönen«.

Gundermanns Biographie spiegelt auf geradezu abenteuerliche Weise DDR-Geschichte: Er begann in der FDJ-Singebewegung, wollte Politoffizier bei der Nationalen Volksarmee werden, wurde geschaßt (weil er kein Lied auf den Verteidigungsminister singen wollte), ging als Hilfsarbeiter in den Tagebau, unterschrieb eine IM-Verpflichtung beim MfS und bekam mächtigen Ärger mit diversen SED- und FDJ-Leitungen. Aber Gundermann blieb nicht nur unbequemer Sänger in Jeans, Fleischerhemd und Hosenträgern – der Blonde mit dem Zopf ist auch ein so romantisch veranlagter wie fordernder Radikalökologe. Er träumt laut seine Märchen von der besseren Welt, fernab politischer Konjunkturen; Samurai und Lancelot, Zauberpferde und fliegende Teppiche sind ihm alltägliche Gegenstände – »weil das Leben die Phantasie braucht, ohne Phantasie sehen wir nicht, was wirklich ist.«

»Erst kürzlich philosophierte der Spiegel darüber, warum der Sänger Gerhard Gundermann in Ostdeutschland ziemlich populär ist. Wer's genauer wissen will, sollte in das Buch *Gundermann: Rockpoet und Baggerfahrer* schauen.« *ND*

Klaus-Peter Wenzel:

DER FALL LUTZ BERTRAM – DOKUMENTATION EINER VERSTRICKUNG

Mit einem Vorwort von Christoph Links
320 Seiten, Broschur, 12,5 x 20,0 cm
ISBN 3-89602-059-5
29,80 DM/ 220 öS/ 29,80 sFr

Am 7. und 8. Januar 1995 finden die Zeitungsleser Nachrufe über einen Medienmann, obwohl dieser noch quicklebendig agiert. Der Moderator Lutz Bertram hat seine frühere Stasi-Tätigkeit zugeben müssen. Die Enttarnung Bertrams als Stasispitzel löst in der Öffentlichkeit und in den Medien ein zwiespältiges Echo aus. Der »Frühstücksdirektor« des täglichen Morgenmagazins »Auftrakt« und als Moderator der Fernsehtalkshow »Schlagabtausch« bedeuten seine mehrere tausend Interviews mit Politikern, Schriftstellern, Wirtschaftsbossen und skurrilen Alltagsmenschen Offenbarungen an Kenntnis, Unfehlbarkeit, Witz, Wortdrechseleien und brillanter Fragetechnik – dargeboten mit einer irren Krächzstimme, die Bertrams Markenzeichen wurde.

In den Jahren 1993/94 avanciert Bertram für die einen zum Kultfunker und zur Identifikationsfigur, für die anderen zu Nervensäge. Und nun dieser Absturz. Die Hörer und Zuschauer des ORB sind erschrocken und betroffen, verärgert und enttäuscht. Das Buch dokumentiert diesen Fall Bertram als einen exemplarischen Fall. Es zeichnet Lebenslinien nach, enthält Dokumente aus Täter- wie Opfer-Akte, aus dem öffentlichen Gespräch Lutz Bertrams mit Christoph Singlnstein und Matthias Greffrath im ORB-Fernsehen, Beiträge aus der Presse und der öffentlichen Diskussion.

Ein Vorwort von Christoph Links, Verleger von Lutz Bertrams Buch *Huhu, liebes Radiovolk* führt in die Problematik ein: Links war nicht nur als Verleger, sondern auch als Freund von diesem Fall betroffen. Das Buch will weder verurteilen noch verteidigen. *Der Fall Lutz Bertram – Dokumentation einer Verstrickung* liefert die Materialien zur eigenen, schwierigen Meinungsbildung.